教師のための

保護者と創る

学校「交渉術」読本

インクルーシブな私の教室づくり

有川宏幸 著

学苑社

JN069065

はじめに

とある自治体で相談員をしていた。子どもの障害を、乳幼児健康診査などで発見し、それを保護者に伝え、様々な支援へとコーディネートする。その後も継続して相談支援を提供するという少し特殊な仕事だった。

保護者と良好な関係が初めから築かれることは皆無といっていい。誰が好んで、自分の子どもを「障害のある子かも……」呼ばわりする人間に近付きたいと思うだろうか。クレームがくるのが常。「訴えてやる！」と言われたことも、一度や二度ではない。辞めたかった。よく心病まなかったものだと思う……。

「泣いた赤鬼」という話がある。私は、そこに出てくる青鬼と同じだ。赤鬼が村人と良好な関係を築くために一肌脱ぐ。そして村を去っていくのだ。「赤鬼くん、よかったね」と言って……。ところが、現実の私は去ることができない。私がつないだ支援先で、笑顔を見せる保護者や彼らの子どもたちを横目に、相談支援を続けるためにそこに居続けた。なんという哀れな青鬼なのだろう。

さて当時の私の職場は、保育所の入所事務もしていた。３月初旬は、保育所への入所を希望していたにも関わらず、それが叶わなかった保護者が一斉に窓口に押しかける。窓口に立つ職員に怒りをぶつけてくる。職員だって、できるならば全員を入所させたいと思っている。連日明け方まで、話し合いを重ねていたことを私は知っている。彼らもまた青鬼だった。

ところが、この修羅場で軽妙に立ち振る舞う１人の職員がいた。若手が怒号を浴びせられる中「お母ちゃん、ゆっくり話、聞こか」と割って入っていく。

私は、その一部始終を観察した。まるでマジックだった。彼が窓口で対応すると、保護者は最後には笑顔で「また来るね」と言って帰っていく。あり得ない。だけれど本当の話だ。怒りで自分が抑えられなくなっている人たちが、話を聞いて帰っていく。私は、青鬼をやめることにした。そして、その彼が打ち出す技を自分のものにしようと必死になった。実践の中でアレンジしながらトライ＆エラーを繰り返し、少しずつ相談支援の際の技にしていった。驚くことに、私の周辺で起きていたトラブルは劇的に減った。相手の利益に想いを馳せながら話し合いを続ける。それが国際紛争などの解決にも使われていた交渉術ということを知ったのは、随分経ってからのことなのだが……。

1

その後、私は大学で教員養成に携わることになった。私の経験は、福祉現場で受け入れられた。教育現場の困難事例にだって、大いに効果を発揮した。交渉術は汎用性がある。ここにはとても書けないことにだって役立っている……。

そんな私も、学生を教育現場に送り出し16年が過ぎた。多くの卒業生が今でも教員を続けている。若い教師が次々と辞めていくこのご時世、皆よくやっている。それはそうだ。だって彼らは私の武器でもあった交渉術を……んっ？　知らない？　いや、そんなことはないぞ。過去、一度だけ披露したことがある。

「せんせい‼　ボランティア先でデジタルカメラと、プリンターを買うお金を預かっています。一緒に買いに行ってくれませんか～」

なんと不躾な。彼らの魂胆は知っている。車を出させたいのだ。私は、この学生3人に付き合った。彼らの家電購入技術にも興味があったから……。

「わ～、デジタルカメラこれがいいよ～」「でも、これ買っちゃうと、このプリンターは買えないよね～」「そだね～」「じゃ、これダメか～」「そだね～」

すぐに私はここに来たことを後悔した。ちっとも面白くない。

私は彼らに予算を聞くと、店員に声をかけデジタルカメラの値引き交渉を始めた。店員は電卓を叩き、伏し目がちに「これが限界です」と言って、それを差し出した。そこで私はこう付け加えた。「この店でプリンターも買うけど？」と。店員の目の色が変わった。再び電卓を叩いた。値段が下がった。そして型番は一世代古いが、機能は同じというプリンターをもちかけてきた。私は、その話に乗った。電卓の数字は、想定以上に満足のいくものだった。予算も随分とゆとりができた。そこで学生に尋ねた。「他に欲しいものはないか？」と。

彼らは黙り込んでいた。私は欲しいものリストの最後に書かれていた「もし可能ならカラオケマイク♥」に着手した。店員は悦び勇んでカラオケマイクコーナーへ私たちを案内した。電卓の数字は、予算を下回ったままだった。

「先生……やめてください！」。彼らは、半泣き状態で私に懇願した。どうやら店員の笑顔が、彼らにはひきつり笑いに映っていたようだ。私と店員が両徳になっているとは夢にも思っていない。なぜ、店員が帰り際に「またよろしくお願いします」と言って名刺を差し出して来たのか、その心理もわからない。

そうだった。彼らには教えていなかったっけ。交渉術がなんたるかを……。

有川　宏幸

目　次

プロローグ

教師を辞める

　もう無理だ。心も体も悲鳴をあげていた。このままでは、私は完全にダメになってしまう。

　ドクターストップになった。少しホッとした。

　大学を卒業して、私は夢だった教師になった。それから、半年して自分がもうどうにもならなくなっていることに気づいた。

　ある児童の対応をめぐって、私の日常は一変してしまった。連日、長文の尖った文字が並ぶ連絡帳を読むと、激しい動悸がした。吐き気が止まらなかった。私の教師としての資質を問うだけではなかった。私の人格をも否定する言葉が並んでいた。それでも、私なりに誠実に対応してきたつもりだ。なのに返ってくる言葉は、どんどんと鋭く尖っていく。痛い感情を伴うそれらの言葉は、文字としての意味を失っていく。何が書いてあるのか、私はもう理解できなくなっていた。そして返事を書くことを辞めた。

　しばらくしたある日、保護者はとうとう学校に乗り込んできた。教頭が慌てた様子で、私を呼びにきた。感情のようなものを、この時、どこかに落っことしてしまったのだろう。私は何も感じなくなった。

　校長は、ことの経緯を私に1つずつ確認してきた。向かい合って座るその保護者は、一つひとつについて何かを言っていたようだ。でも私には、その言葉は届かない。ただうつむきながら、時折ほんの少しだけうなずいてみせた。

　「なぜ、もっと早く相談してくれなかったのですか」。校長は、憐憫の目で私を見ながら言った。動かなくなってしまった私に、これ以上何を問うても無駄だということはわかっていただろうに……。

　翌日から、私は病気休暇に入り、それから3か月後、学校を辞めた。

第1章

これから始める保護者との「関係づくり」

保護者とうまくやっていくには？

春から教壇に立つのですが……

あのぉ、相談があります……。

私、この4月から小学校の教師として、教壇に立つことになりました。小学生のころに尊敬できる先生がいて、「私もあんな先生みたいになりたい」、そう思って教師の道を目指しました。大学は、迷わずこの大学の教育学部に。

もちろん真面目に講義も受けてきましたし、教育実習に行ってからは、週に1回、小学校で授業補助のボランティアにも行きました。先生になるために、私なりに努力をしてきたつもりです。

教員採用試験に受かった時は、とにかく嬉しくて、嬉しくて。自分も、本当に先生になれるんだとワクワクしていました。

ところが……いよいよ来月から教師になるという今になって、不安でいっぱいなのです。特に保護者の方と、どのように接していけばよいのかがわかりません……。大学でも教わっていませんし、実習でも、ボランティア先でも、子どもと接することはあっても、保護者の方とお話をする機会はこれまでほとんどありませんでした。

最近、学校の先生たちが忙しく、学校はブラックだといわれています。そこは、私も覚悟はできています。でも、保護者からの苦情に対応することでいっぱいいっぱいになって、授業の準備もままならないことがあるそうじゃないですか。私の先輩は、そうした対応に追われて、精神的に追い詰められ、結局、教師をやめてしまいました。

私は、何を準備すればよいのでしょうか。今のうちにやっておくことはなんでしょうか。そもそも、私は教師として、保護者の方とうまくやっていけるのでしょうか……。

アソカワ教授　そうですか。ではまず１つお聞きします。あなたは大人になってから、社会人とお話したことはありますか？

サチさん　　もちろんです。いま……こうして教授と話しています。あとは、ボランティアをしている小学校の先生やアルバイト先の店長さんです。

アソカワ教授　教師を目指してきたということで、色々な経験をされてきたのですね。その経験は無駄にはならないはずですよ。その人たちとは、うまくやってこられたのなら問題ないと思います。

サチさん　　でも、保護者はこれまで、私が関わってきた社会人と同じではありません。私は教師という立場になります。教師と保護者の関係は、アルバイト先の店長との関係と違います。

アソカワ教授　何が違うのでしょう。店長さんも、大事な商品や、大切にしてきたお得意様をあなたに預けていた。大切にしている子どもを預ける保護者の想いと気持ちは同じですよ。

サチさん　　アルバイトやボランティアで私が関わってきた社会人は……その、なんていうか……関係が上手くいかない時は、いつでも関係を切る、つまり辞めることができると思っていました。でも、保護者との関係がうまくいかなくなったからといって、辞めて他の学校を探すというようことはできません。そんな無責任なことでは、教師は務まらないと思います。

アソカワ教授　それはそうですね。でも、教師だからやめられないということはないでしょう。実際、やめていく人が多いという現場の声も聞きます。

サチさん　　私は、そうはなりたくない。自分の夢が叶ったのですから、教師を続けていきたいと思っています。それができるように、何か、こう自信のようなものが欲しいというか……。

不安がいっぱいなのは……

　学校で出会う保護者と、あなたがこれまで出会ってきた人たちと、何が違うのか、もう少し考えてみましょうか。人としての付き合い方という点では、まったく同じはずです。アルバイト先の人たちや、ボランティア先の人たちとは、これまで上手に付き合ってこられた。であるならば、私は心配する必要はないと思っています。

　ところが、あなたは「それと、これとは話が違う」と言いました。ここはとても大事なところだと思います。

　人としての付き合い方は、まったく同じであるにもかかわらず、あなたはアルバイト先やボランティア先の人たちと、保護者とでは、関わる上での心構えが違うと言う。アルバイトやボランティアは、関係が悪くなければ、その関係を断ち切ればいい。確かにアルバイト先は他にもあるでしょうし、あなたの代わりはいるでしょうから。だけれども、保護者との関係は、悪くなったからといって簡単には断ち切れない。

　もし断ち切ることになれば、教師を辞めることにつながるのではないかと思っている。あなたの先輩の話は、そうした１つの例なのでしょう。そうなれば、あなたが子どものころから抱いていた夢を諦めることになってしまいますし。

　もしかしたら、教師という仕事は、それだけ重い責任がある仕事なのだという自覚がある証拠なのだと思います。子どもたちにとって、担任であるあなたは、唯一無二な存在です。他に代わりはいない。その大事な出会いを「『上手くいかなくなったら、切ればいい』とは、とても思えない。教師の仕事というのはそういうものだ。途中で投げ出すわけにはいかない。だから、『アルバイトやボランティアとは違う』」とあなたは言っている。

　私は、そう考えているあなたを誇らしく思いますよ。「不安でいっぱい」という気持ちは、あなたの心構えがそうさせているのかもしれませんね。

　それを教えてくれたのはきっと、あなたがこれまで関わってきた全ての人たちです。人間関係を教えられるのは、人以外いないのですから。実習や授業補助のボランティアでの体験も大きかったのでしょうね。

サチさん　　　　私は確かにアルバイトで関係がこじれたら「辞めればいいや」と言いました。でも、実際、店長に叱られたからといって辞めたりはしませんでした。今振り返ると、店長もアルバイトの無責任さに、気を遣いながら付き合ってくれていたのですよね。それに店長の熱意や、お得意様に喜んでいただける笑顔もありましたから。私も、そこでなんとかやってきました。今まで、考えたこともありませんでしたが、「社会人」との付き合い方と同じであるということであれば、私にもできるような気がしてきました。

　きっと教育現場がブラックだと言い続ける最近のニュースを見ていて、少し不安に思っていたのだと思います。よかったです。アソカワ教授に相談して。

アソカワ教授　　　いや、ブラックですよ。そこは変わりません。

サチさん　　　　えっ、今なんと？

アソカワ教授　　　世間の基準では学校という職場はブラックなのだと思います。やり甲斐だけで続けていける仕事なんてありませんから。期待をさせるだけさせて、しれぇ～っと現場に送り込むというのは私の性に合いませんので。

サチさん　　　　あの、アソカワ教授。私を現場に行かせたいのですか。それとも辞めさせたいのですか。少なくとも、私は、先ほどのアソカワ教授のお話を聞いて、少し自信のようなものが湧いてきました。でも、今の教授のお話を聞くと、そう考えてしまった自分に、なんか損したというか……。

アソカワ教授　　　そもそも、私は嘘を言いません。先ほどのあなたへの助言に嘘はありませんし、あなたを誇らしく思ったことも事実です。そして、なぜかあなたは勝手に自信をもったという。

　第一ですよ。そもそも、まだ出会ってもいない、どこの誰ともわからない人を相手に「関係が悪くなったらどうしよう」などと考えていること自体、どうかしていますから。私からすれば、まだ出会ってもいない恋人に、振られてしまったらどうしようと相談をもちかけられているようなものですしね。

保護者と「関係」を始めるには？

なんでも話せる関係になるには……

先日のアソカワ教授の話、改めて家に帰ってから考え直してみたのです。不思議なことに気がつきました。

「大人になって、社会人と話したことはあるか」という、あの問いです。じっくりと考えてみると「あれ？」って思うことがあるのです。

子どものころと、大人になった今では何かが違うような気がしたのです。改めて考え直してみました。

私が、子どものころに話をしてきた社会人は、親や先生、地域のお菓子屋のおばちゃん、子ども会の世話人のおじさんやおばさん、塾の先生です。みんな私のことを理解しようとしてくれました。勝手に、大人の方から関係を作ろうとしてきてくれました。私は何も考えることなしに、気軽に色々なことを話せるようになっていきました。

でも、大人になってから出会った社会人は、私のことを理解しようというところから出発していません。初めて出会って、そこから上手に関係を作っていかなければならなかったのです。ところが、本当のところ、どのように関係を始めればよいのか、そこがイマイチわかっていません。いつも相手に任せているような感じでした。挨拶したその瞬間に、知り合いになれるわけでもないのです。なんだか恐る恐る関わり続けていた感覚があります。

アルバイト先の店長ともそうです。仕事を通じていますが、色々なことを気軽に話せるような関係には今でもなってはいません。「関係が築けているか」と問われると、そこはなんともいえませんし。

私は、保護者とは、子どものことをなんでも話せる関係になっていないといけないと思うのですが……。

アソカワ教授　ならば、1つ教えてください。あなたには友達はいますか？

サチさん　いますよ！　同じ専修の仲間とか、サークルとか、バイト先にも。もちろん今でも高校までの友人とは、買い物や遊びに出掛けています。気心知れた友人なので、なんでも相談できます。

アソカワ教授　ほほぉ～、それは素敵な関係ですね。その友達は、どうやって作ったのですか？

サチさん　う～ん。子どものころは、遊んでいるうちに自然と仲良くなったような……。中学生のころは、気が合いそうな人と一緒にいる時間が増えて友達になっていたかな。高校生や、大学生のころは、クラスやサークルの SNS のグループを通じて、連絡先は既に知っている……そして……やっぱり気の合う仲間と一緒に出かけるようになったかと思います。

アソカワ教授　SNS でグループがあるなんて、便利な時代ですね。もっとも、その SNS が人間関係を維持する上で、厄介な代物にもなるというのが今の時代ですが。ところで、あなたには、お付き合いをしている人はいますか？

サチさん　アソカワ教授、それブッブーです！　ダメです。今の時代、そういうことを聞くとハラスメントです！

アソカワ教授　それは困りました。他の例えがなかったもので。そもそも、あなたの恋愛に興味があるわけではありません。この話はやめましょう。

サチさん　……いました。同じサークルの仲間でした。過去形です。ただ……この関係は、「気の合う仲間」という感覚ではありません。逆に、気軽に話そうとすると、かえって何だかしっくりこなくて。私の方が先に好きになったので、なんていうか、相手の様子を見ながら、じわじわと近づいていったという感じでした。

「あざとさ」が必要です

　子どものころには、大人との関係は、相手が勝手に作ってくれた。築くことではなかった。子どものころの友達は、気心知れた人と、自然に関係が作られていった。少し成長して高校生、大学生になると SNS なんかでつながり、そこから始まった。そして、やはり気心知れた人と友達になった。

　でも、大人になってからの社会人との関わりは、恐る恐るという感じがしていた。自分からも関係を築こうとはしていたものの、どうやって始めていくのか、そこは具体的にはよくわからない。

　そして最後の質問。お付き合いをしていた人とは、どうしてきたか。友達のような始まり方ではなかった。じわじわと近づく。改めて聞くとなんだか怖いですね。でも、そういう感覚の違いがある。

　大事なことだと思います。上手に関係を始め、決して振られるようなヘマはしない。いつの間にか仲良くなっていたという関係とは少し違う。仲良くなるための関係を、築き上げていった。

　それでは保護者との関係に、これらをあてはめてみましょう。

　保護者は大人です。誰かが関係を始めるための労をとってくれるわけではない。気が合うかどうかもわからない。つまり、関係は恐る恐る築いていかなければならない。学級担任になったというだけで、いつの間にか「私たちって、知り合いだよね」などということにはならない。

　となると、待っていても関係はいつまで経っても始まらない。もちろん、SNS のグループがあるわけでもない。だから、きっかけも自分で始めなければならない。さぁ、これは大変です。

　幸い、あなたはお付き合いを「始めた」経験があるという。その際、「じわじわ」と近づくと。これは、背後からじわじわ近付くという意味ではないはずです。

　いきなり飛び出していって、「付き合ってください」というものとも違う。あの手、この手を尽くす。戦略的に心の距離を縮めていくということ。振られないように。そして好意をもってもらえるように、細心の注意を払いながら関係を築く。それが「じわじわ」ということなのでしょう。

サチさん　　　　そうなのですが、アソカワ教授が思っているほど、私はあざとくはありません。

アソカワ教授　　確かにそうですね。この辺りは、年配の教師の方が長けています。あなたのような若い世代とは比べ物にはならないでしょう。

サチさん　　　　そういうのも、よくないです。「若い世代」という括り方で私たちを理解しようとするのもダメです。嫌われますよ！

アソカワ教授　　そうですか？　でも SNS なんてない時代は、まずどうやって知り合うか、連絡先をどうやって教えてもらうか。そこから始めなければならなかった。じわじわ近付く以前に、やらなければならないことが、今の時代より多くあった。その分、関係の始め方の引き出しもあなたたちの比にはならない。実際に、「あざとい戦略」についてベテラン教師の集まる研修会で、発表させる。すると、これがとても盛り上がる。そしてその数といい、中身といい、実にバラエティに富んでいる。ところが、同じことを講義の中であなたたちに発表させてもほとんど出てこない。「スマホを振るだけでつながる」と。

サチさん　　　　……確かに一理あると思います。でも、やっぱり保護者とうまくやっていくことは、恋愛とは違うように思います。保護者との関係は、特定の誰かと関係を深めるというものではないですから。

アソカワ教授　　確かに仕事での関係ですからね。保護者は、あなたの個人的な価値観を共有する相手ではないかもしれません。もちろん恋人でもない。でも、振られないように関係を始めなければならない。
　「この曲、最高だよね！」なんていう話はしない。保護者だって、それを聞いて「いいね！」とは応答しない。だからといって、ドライな関係でよいとも思っていない。保護者とは子どものことで、なんでも話せる関係になっていた方がよい。そう言ったのはあなたです。であれば、まずは「あざとい戦略」の引き出しをもつことは必要だと思います。

保護者と「つながる」ためには？

SNS を使った関係の始め方は問題……

　先ほど、アソカワ教授は「あざとい戦略」の引き出しをもっている方がよいと話していました。確かに、最近は出会ってすぐに SNS で連絡先を交換したり、ここ最近ではパートナーを探すアプリを使ったりして、お付き合いを始めたという芸能人もいます。

　お互いの興味関心を AI などがマッチングしてくれる。中には怪しいものもたくさんあるので、注意しておかなければならないこともあると思います。でも、あらかじめ相手の価値観がどういったものであるのかを知っているということは、話もしやすくなる。親密度もすぐに高まるのではないかと思います。

　それに今までだったら、直接出会った相手としか知り合うことはなかった。それが今や、世界中の人と連絡がとれます。多くの人たちとつながることができる。おかげで、様々な人たちの価値観に触れることもできる。保護者の多様な価値観にも触れることができるのではないかと思います。

　つまりマイナスばかりではない、というよりむしろ人間関係を始める上ではプラスなのではないでしょうか。

　でも、アソカワ教授は SNS で関係を始めていくよりは、「あざとい戦略」で保護者との関係づくりを始めることを前提としています。

　それって保護者との相性をマッチングさせるようなアプリやサイトがないので、使えないということを言いたいのでしょうか。そういうことであれば、私も納得できます。

　それともマッチングサイトやアプリが仮にあっても、保護者との関係づくりにおいては使うべきではない。それによって生じるデメリット、あるいは使うことで、築くことができない何か大事なことがあるということでしょうか。

アソカワ教授　　なるほど。まず１つ確認です。教師と児童生徒との間の私的なSNSなどでのやりとりは禁止となっていることは知っていますね。この理由は、児童生徒に対するわいせつ行為などの予防です。これに合わせて、保護者との間での私的なSNSでのやりとりについても、議論されています。おそらくこの先、積極的に使用する方向にいくことはないでしょう。

　　保護者と教師の価値観の共有を掘り起こすマッチングアプリのようなサービスが仮にあったとしても、それは使えない。教育上のメリット、デメリットというよりは、教師の倫理観が問われてしまった。マッチングアプリは若い人たちには身近なのでしょう。でもSNSは使えない。となると時節柄、マッチングアプリモドキも解禁されない。需要がなければ開発する人も出てこない。教師と保護者の相性にAIの技術が導入されることはありません。

サチさん　　　確かに、連日のように教師のわいせつ問題が報道されています。こういう人たちがいることで、本来であればメリットとなる技術も使えないっておかしいですよ。不登校の子どもと、教師がSNSを通じてつながっているメリットもあるはずです。保護者についても同じです。家庭での様子が気になる子などについても、つながっていることで色々な対応も取れるはずです。

アソカワ教授　　そこは同感です。文部科学省も、公的なつながりまでは禁止していません。なので、連絡帳的なつながりは今後も続いていくでしょう。ところがお互いの信頼関係が築け、双方の価値観を共有する。もちろん、あなたも保護者の人となりを知るようになる。そのような関係になれば、保護者も我が子の話だけをするとは限らない。時に、SNSを通じて家庭内のそれこそプライベートな話や地域での話を、あなたにしてくるかもしれません。さて、このやりとりは、公的、私的のどちらになりますか？

サチさん　　　私的、公的の線が引けなくなります。私的な内容になった途端に返信しないでいれば、それはそれで相手を不安にさせる。信頼関係はどちらにしても築けない。それどころか、壊すことにもつながる可能性がある……。となれば、どちらにしても、SNSは使えない……。

「あざとい戦略」が必要です

　まずSNSというツールに問題があるというわけではないのです。誤った使い方をする人がいるので、予防的に児童生徒との間でのやりとりを禁止した。自ずと、保護者との間でも自主規制をかけていくことは仕方がないことだと思います。

　そうはいっても実際、児童生徒の教育においては、家庭の様子や、地域での様子といった私的な情報が、様々なトラブルの解決や支援への対応に役立つことがあるのも事実です。

　そうであるにも関わらず、SNSからの私的な情報には、誤解を生じる恐れがあるからまったく応じない。こうなれば、関係は良くなるどころか、むしろ壊れる。気楽につながる、気軽に情報を共有する。そうしたSNSのメリットはまったく活かせない。ならば、使わない。いや、使えないのです。

　一方で連絡帳のような家庭と学校とのやりとりは、教育委員会のお墨付きをもらっているようなポータルサイトを通じて行われているところもあるようです。でも、これは連絡帳です。関係を深く築くためのものではありません。掲示板のようなものです。

　結局、人間関係を構築するには、SNSの技術が登場する以前の方法しかないということになります。「あざとい戦略」と言いましたが、要するに人と人が向かい合って人間関係を築く技術のことを言っています。相手とつながりたければ、まず、自分の存在を相手に認知してもらわなければならない。自分という存在を、相手の心のアドレスに登録してもらわなければならないのです。

　この辺りは、SNSだと、スマホ一振りで済む。でも、対面での人間関係ではそうはいかない。いきなり、連絡先を渡す行為は、かえって警戒されます。

　「私という存在」を認知してもらう。これが、実際はかなり時間と労力を費やさなければならない。その割に得るものは、ほんの少し。それを地道に発展させていく。とにかく昔は人間関係をはじめるためのコスパが悪かった。だから、こんな方法を今の時代は、使用しなくなった。おかげで、職人技のような技術がすっかり衰退してしまった。特に恋愛における「あざとい戦略」は口頭伝承でしたから。今はもう、40代以降の先輩にでも聞くしかないでしょう。

サチさん　なるほど。やっぱり先輩教師に聞かなければいけないのか。それも自分と年の離れた先輩か。なんて訊けばいいんだろう。いきなり、恋愛の始め方を教えてくださいなんて訊けば、きっと変な子って思われる……。

アソカワ教授　早速、そこですね。既にあなたは、同僚との対人関係を築く段階で「どうしよう」となっています。保護者相手となると、かなり高いハードルになりますね。

サチさん　具体的に、どんな技術があるのですか。知りたくなりました。

アソカワ教授　例えば、よく出てくるのが、何に興味関心があるのか情報を集める。黙っていても情報が入ってくる時代ではなかったので、情報収集するところから始める。闇雲に集めても効率が悪い。そこで好きな人がいた中学や高校の関係者を探し出すところから始める。関係者が、自分の友達ならば、そこからの話は早い。そうでなければ、まずは関係者と知り合いになることから始める。

サチさん　えっ。そこからですか。なんだか無駄な感じがします。

アソカワ教授　それから、その関係者を通じて何かイベントのようなものを企画する。20歳を超えていたらコンパでしょうか。高校生だと、遊園地などにみんなで出掛けるなどというのが多く出ます。ここで初めて対面する。

サチさん　ようやく知り合うわけですか。あとはとんとん拍子に？

アソカワ教授　まさか。まだ、知り合っただけ。同時に準備しておくことは、チームを作ることですね。あなた1人で関係を始めることはできないわけです。ツテを頼っているのですから。そこで、チームが一丸となっていなければなりません。同じチーム内で足を引っ張り合う関係や、場合によっては、あなたと相手が親しくなることをよく思っていない人がいたらどうなりますか。当たり前ですけれども、関係を壊しに来るはずです。

チームプレーで対応するって？

チーム一丸って必要ですか……

　今、アソカワ教授は、関係を始めるためにチームが一丸となっている必要があると言いました。これは、私が付き合いを始めたいと思う人との関係を築くためにも、チームになっていなければいけないということでしょうか。

　そもそも、私が誰かと関係を築くのに、他の人を巻き込むことがどの程度まで必要なのかわかりません。例えば、相手が自分のことを知らないのであれば、そこをつなぐ人が必要だということはわかります。その人を通じて、「出会う」ことになるということもわかります。そうなると、最低、つないでくれる人と私が一丸となっていればよいのではないでしょうか。私を紹介してもらうだけなのですから、何人も必要はないかと思います。

　チームと聞くと、どうしてもたくさんの関係者がそこに関わっていることをイメージしてしまいます。最小単位で出会いを演出してもらうということでよいと思うのです。大袈裟な話になることや、多くの人が関係を築くために入ってくるということも気が引けますし……。

　もちろん、ここまでの話が恋愛の極意としての話ではないことはよくわかります。人が出会い、関係を築くための心得を話しているのだということもわかります。それなりに「なるほど」と思えることもあるのです。

　でも、今私がアソカワ教授にお聞きしたいことは、「あざとい戦略」の話です。そこに、チーム一丸となってという話は関係がないように思えるのです。

　例えば、私が４月から教壇に立ち、子どもの保護者たちと関係を築く。新たな関係づくりをする上で、他の教師は、直接関係ありません。私がこれから築く関係に、学校全体が一丸となっている必要はないのではないかと。

　校長先生や教頭先生には応援していてもらいたいとは思いますが……。

アソカワ教授　そうでしょうか。私は、チーム一丸となるというのは、最も「あ ざとい戦略」だと思いますよ。では、少し確認させてください。先ほどの遊園地 やコンパの話です。あなたは、付き合いたいと思っている相手にようやく出会う ことができました。でも、この段階ではただ出会っただけです。あなたは、相手 のことを色々と知る必要があると同時に、相手にはあなたに対して興味をもって もらわなければならない。そのためにも、まずは話をしなければならないと思う のですが、どうでしょうか。

サチさん　それはそうです。後ろからボーっとついて行ってもしょうがな いですから。話をするために遊園地まで来たのです。コンパだってそうです。話 もできずにいたら、セッティングしてもらった意味がありません。私から積極的 に話しかけると思います。チームではなく、個人プレーですけどね。

アソカワ教授　ほほう、個人プレーですか。では、仮に遊園地に行きました。「ジ ェットコースターに乗ろう」と盛り上がったとします。さて、その時にお付き合 いをしたいと思っている相手の隣には、誰が座りますか？

サチさん　私が座れるならラッキーですけど。できれば私が座れるように、 彼の横が空いているといいのですが……。

アソカワ教授　コンパで隣に座るためにはどうしますか。あなたと彼の仲介を 頼んだ人が、気を利かせて隣の席を空けてくれるかもしれませんね。ところが、そ の席が空いている理由を知らない誰かが座ってしまった。どうします。

サチさん　何も言えません。もしかして、みんなが知っていないとその席 は空かないということでしょうか。私が、彼と話をしたいということをみんなが 知っていれば、隣の席が空く確率は高くなる。1人でも知らない人がいれば、そ こは「ただの空いている席」になる。中には、私と同じようにその人と関係を築 きたいと思っている人もいるかもしれない。空いている席が、必ずしも私のため とは限らないし……。確かにチームになる必要があります。

個人プレーでは、信用は得られない

　あなたが確実に相手との関係を築くためには、チームが一丸となっている必要があります。あなたは個人プレーでも大丈夫と言いましたが、それではあなたの目的は必ずしも達成されないでしょう。なぜなら、そこにはあなたと同じように、色々な想いをもつ人たちがいるからです。「あざとい戦略」では、チーム一丸となってあなたを応援する体制がなければ意味がない。この話は、保護者との関係を築くこととはなんの関係もないと思っていませんか。そうだとすると、それは誤りです。

　よく考えてみてください。子どもは学校だけで生活しているわけではありません。学校を離れれば、地域の人たちともつながっています。どこかで習い事をしているかもしれません。また、障害のある児童生徒であれば、放課後等デイサービスや病院、療育などともつながっている。さらに連携を取るべき相手は増えることになります。つまり、見えていないだけで、子どもに関わる関係者はたくさんいるのです。

　ちなみに関係者が一丸となっていないということで、関係者の間で亀裂が入るということも少なくありません。

　例えば、他の関係者が別のサービスを案内しようとしている。つまり、あなたが勧めたいサービスとは異なるものを勧めている。もちろん、選ぶのは子どもであり、保護者です。おそらく、異なるサービスを勧められれば、信頼をおいている人の助言を聞くことになるでしょう。ポッと出のあなたに信頼を置くことはないはずです。まるで異なる提案をしていたとなれば、信用はガタ落ちでしょう。さらに言えば、チームのメンバーがあなたに信頼を寄せていなければ、誰もあなたのために動いてくれたりはしない。動いてくれなければ、関係が築かれる可能性は低くなるのです。

　ところで、人と信頼関係を築くにはそれなりに付き合いの長さが必要です。付き合いの長さ、「あざとい戦略」でいえば幼なじみとでもいいましょうか。長い間、関係を維持してきた幼なじみを探す。そして、あなたがまずつながるのは、その幼なじみからになるでしょう。なぜなら出会って間もないあなたが、どんなに頑張っても、いきなり関係は深められないからです。

サチさん　　　　そんなこと、考えてもみませんでした。コンパの座席の話ではないですが、チームになっていないと、私なんて見向きもされない。仮に、時間をかけて信頼を得ても、次の年、担任が変わればそこで終わりですし。

アソカワ教授　　となると、幼なじみを見つけないといけません。学校の内外の関係者とチームになることから始めたいところですが、誰とどのようにつながればよいかわからないでしょう。SNSでつながりますか？

サチさん　　　　皮肉ですか？　そういう方法もあるかもしれませんが、私が急に友達申請しても信頼は築けません。

アソカワ教授　　そうですね。人の信頼はつながるだけでは得られない。では校内を探してみましょう。この場合、幼なじみは前の担任となります。

サチさん　　　　そっか。その人に紹介してもらうのか。チームのメンバーにつないでもらう。言葉は悪いけれど、その人が得ている信頼関係を使わせてもらう！

アソカワ教授　　段々とわかってきたようですね。その通りです。前の担任が良い関係が築けていることが前提となりますが、何の関係も築けていないあなたよりはマシです。そして、ここからが重要。もし前の担任が、関係者や保護者と良い関係が築けているのであれば、あなたを褒めちぎってもらう。

サチさん　　　　それって、誇大広告になりますよ!!　ダメです。ありのままの私を紹介してもらえればいいです。褒められること、何もしていないし……。

アソカワ教授　　そうですか？　引き継ぎの際に、新しい担当者を褒めちぎるのは民間企業では当たり前ですよ。第一、大した実績もまだないのです。ありのまま伝えて、ちょっとでも失敗してごらんなさい。あっという間にマイナス評価ですよ。しばらくは前任者の信用で食いついないでいくものです。後々、自分の信用につなげることができたら、それは誇大広告にはならないでしょう。

保護者の「信頼」を得るために？

保護者の「信頼」……

　幼なじみに自分を褒めちぎってもらうという話がありました。学校で言えば前任者に私を褒めてもらう……。

　少し抵抗があるのは、私には褒められるに値することが何なのかすぐには思いつきません。それを前任者に、まず知ってもらうにしても、どう話していいものか。

　アソカワ教授が言うことも理解できます。何の信頼関係も結べていない自分が、何か失敗したら私に対する周囲の評価は低くなる。これは甘えかもしれませんが、新任ってある意味見習い期間でもあります。先輩教師たちにも、誠実に業務に取り組んでいれば、多少の失敗は大目にみてもらえると思います。ただちに落第点というレッテルは貼られないのではないかと。

　でも保護者や学校外の関係者だったら、私という人間に対する評価はゼロからの出発です。ちょっとした失敗で、すぐにマイナスになってしまうと思います。前任者の築いた信頼関係を前借りしておくことで、初めの印象を落とさないようにする。これが大事なことだと教授はおっしゃっているのだと思います。

　となると、私を褒めてもらうという材料は、もう少し具体的にしておいた方がよいのではないのでしょうか。私には、子どもたちへの教育に対する熱意があります。教師になることは私の夢でしたから。そのためには自分なりに勉強もしっかりやってきたつもりです。卒業研究は、発達障害のある子どもたちの行動問題について研究してきました。

　こういうことを、前任者から伝えてもらえばよいのでしょうか。こんな私のプロフィールは、褒められるに値する材料になっていますか？　保護者は、これを聞いて、私への信頼関係を結ぶことに心動きますか。

アソカワ教授　率直に言って、何の興味も関心も湧いてきませんね。あなたが何をやってきたのか、具体的に伝えたところで、元々あなたに関心がないのです。ですから、何の意味もないでしょう。

サチさん　では、どこをアピールすれば……。

アソカワ教授　簡単です。前任者には負けない「何か」を伝えればいいのですよ。前任者に負けないことを伝えれば、評価は下がらないでしょ。

サチさん　「何か」って、なにですか？

アソカワ教授　そんなこと知りませんよ。あなたは前任者に引けを取らない、あるいはそれ以上だと伝えてもらうのです。だから前任者にしかわからない。例えば前任者が、気長に子どもたちに関わる姿勢が保護者に評価されてきたとする。であれば、それ以上に気長に関われるとか。

サチさん　いや、私はどちらかというとせっかちなのですが……。

アソカワ教授　だったら、なおさらその姿勢は見習うべきです。要するに前任者が信頼を得てきたことを、それ以上の意気込みで取り組む姿勢があるということを伝えてもらう。前任者の信頼を借りるとは、そういうことをいいます。

サチさん　でも、私にそれができるのでしょうか。もし、前任者が本当に素晴らしい教師だったら、新任の私なんか足元にも及ばないと思います……。

アソカワ教授　それは残念です。新しい担当者に変わった途端、今よりも悪くなると言われて、信頼してくれる人など世の中にはいないでしょうから。

サチさん　そうなのですが……。第一、私のような新任のことを、自分より優れている人物だなんて、嘘でも言ってもらえないと思うのです……。

「信頼」は引き継ぐもの

すっかり落ち込んでいるところで、気休めになるかわかりませんが。

まず私があなたに話していることは「あざとい戦略」についてです。よく考えてみてください。あなたの人となりをまだよくわからない人が、あなたの良さについてなど話せるわけがないじゃないですか。ここで話しているのは、１つの技です。このようにしておいた方がよいというものです。あなたが真に勝ち得る信頼は、あなた自身で築くものですから、この話とは分けて考えてください。

ちなみに、民間企業は人の引き継ぎに際しては、前任者は後任に同伴します。その際、後任のことを持ち上げて顧客に安心してもらう。それぞれの担当者が得てきた顧客との信頼関係は、会社にとっての財産です。これをしっかりと引き継いでいくことを組織的に行っている。これができない企業は、顧客をすぐに他社に取られてしまうでしょう。

顧客も、自分の要望に親身になって応えてきた担当者が変わるとなると、内心穏やかではないのです。だから、せめて自分以上の仕事をする人間が後を引き継ぐと言って、安心させてあげるのです。これが人とのつながりを大事に考えている人間がすることです。

当然、引き継がれた後任も、前任者が築いてきた信頼関係を壊さないように、いやそれ以上の期待に応えて見せることが必要なのです。セレモニーとはいえ、これをすることで関係は、ゼロどころか 10 にも 20 にもなる。そして、前任が得て来た「信頼」が引き継げるのです。

ところが、なぜか学校という組織の中ではこういうことをしません。前任と後任が発表されるのが、新年度間際になる。そもそも時間がないということもありますが、こういうことが一つひとつ大事なことだということを知らない。子どもの情報は引き継いでいても、「信頼を引き継ぐ」という発想がないのです。なので、そのためのノウハウも知らない。

結局、担任が変わることで全てがリセットされてしまう。築き上げて来た「信頼」が学校のもつ財産だという感覚がないのです。私は、これは相当な損失だと思っています。

サチさん　　　　そういうことって、大学では教わっていません。民間の会社に勤めないとわからないことですか？

アソカワ教授　　確かにわからないでしょうね。私の場合は大学生の時、営業のアルバイトで叩き込まれました。その後も、民間の方と仕事をする機会が多くあったことに併せて、民間企業を相手にタフな交渉をしなければならない部署で働いていた上司に「イロハ」を教わった。一度も学校では教わっていません。本当は、教員養成をする段階でも教えた方が良いのかもしれませんね。

サチさん　　　　この話を聞いて、保護者との関係づくり以前に、私と前任者、つまり同僚との関係が豊かになっていないとダメなんだと思いました。そこが不安定だと、保護者との関係づくりももろくなってしまう。学校全体が組織的に「信頼」を引き継ぐという考え方をもっていないとダメですね。
　ところで、1つ質問があります。前任が移動した場合、幼なじみがいなくなってしまいますよね。こういう場合は、どうすればいいのですか？

アソカワ教授　　いなくなったものは仕方ありませんね。他の幼なじみを探すしかないと思います。あるいは、既に社会的信用がある立場にいる人ですかね。学校では校長や教頭となりますか。この人たちには、社会的信用という貯金があります。もっとも、この人たちが信頼に足る人物でなければ、その学校は終わっていますが。

サチさん　　　　なるほど。この場合、懇談会などで引き継いでもらうのでしょうか。保護者の前で持ち上げてもらうとなると、少しでも多くの保護者が集まるところでなければ意味がないかと思いますし……。

アソカワ教授　　そんな時間的余裕は、新年度になって間もなくにはないでしょう。教師になって、初めにやらなければならないことは、子どもたちを迎える準備なのですから。

保護者たちのネットワークって？

噂はどこから伝わる……

　新年度には、子どもたちを迎える準備に追われるとなると、保護者への「信頼の引き継ぎ」は、できないということになりますよね。となれば顧客を回る、つまり家庭訪問するということですか。

　でも、私と前任者が家庭に赴いていくなんていうことは現実的ではないと思います。第一、数が多すぎます。

　それに前任者が、同じ学校にいるのであれば、まだそのチャンスはあるかもしれません。でも、他校へ転任してしまえばそれも叶わない。校長や教頭の社会的信用を私が前借りするというのは確かにあるかと思いますが、私が受けもつ児童の保護者全員を集めて、校長に紹介してもらうという時間的余裕はないとなるとこれも使えないということになります。

　民間企業のお話は、1つの例としては理解できました。でも、実際にこれを学校でやっていくことはできない。アソカワ教授は、学校には「信頼を引き継ぐ発想がない」と言いました。でも、現実にできもしないことであれば、発想自体も湧いてこないのではないでしょうか。

　アソカワ教授の「あざとい戦略」、考え方としてはとても勉強になります。幼なじみが、人との関係づくりには役立つということもわかります。「あざとい戦略」は教師生活を送る中で、いずれ必ず役に立つと思います。

　でも、まずはこの4月からの話です。差し当たっては、懇談会のような場で、私への評価がマイナスにならなければいい。それしかないのだと思います。まずは、私一人の力で自分を信頼してもらうように、教育への「熱意」を伝えるしかない。

　でも、どのような話をすればよいのか。そこを、具体的に知りたいのです。

アソカワ教授　確かに、教育現場において発想がないというより、そもそも、そうしたことは現実にはできないということでしょうか。そして、あなたのことは懇談会まで神秘のベールに包まれている。ミステリアスな分だけ、期待が高まるということでしょうか。

サチさん　いやいや、そんなことは言っていません。ベールに包んでいるわけではなく、現実にそうなるかと。

アソカワ教授　少し、教えてください。まず、あなたが担任となってから、保護者が、あなたが新しい担任だということを知るのはいつになりますか？

サチさん　さぁ、私が教壇に立つのは4月なので、そこで発表されるのだと思います。でも、私が担任かどうかは、もしかしたら新学期が始まるその日までは公表されないかもしれませんね。

アソカワ教授　私もそうだと思います。保護者が、最初にあなたのことを知るのは、子どもたちの話からということになりませんか？　子どもがどの程度、事前にあなたについての情報をもっているかはともかくとして、新学期初日には何らかの情報をもつ。そして、それを保護者に伝える。となれば子どもたちには「親に、私の悪口は言わないように」と釘でも刺しておきますか。

サチさん　そんなことしません。普通に接します。子どもたちが、保護者にどう説明するかまでは、私にはどうすることもできません。

アソカワ教授　なるほど。あなたは、新人ですからね。情報は、ほとんどない。よかった。でも、何年か教師を経験していれば、それなりに前評判はあるかと思います。そうした情報も混ざるのですよ。

サチさん　いや、それは噂の類ですよね。そういうことで誤解されるのは困ります。やはり、私自身を見てから判断してほしいです。

保護者のネットワークで伝わる

　まず懇談会で保護者と出会うとしても、あなたについての情報は、最初は子どもたちから保護者に伝わることになります。つまり、あなたが子どもたちにとって、どのような印象をもたれるか。それによって、あなたへの保護者の評価が左右される。もちろん、それがあなたへの客観的な評価ではないことはわかります。子どもたちは、それぞれに色々な想いをもって学校に来ていますから。教師に対する想いもそれぞれにあります。必ずしも、高評価にはならない子どもたちも一定程度教室にいるでしょう。

　そして、もう１つ。あなたは新人ですので教師としての実績はない。だから情報が何もないと思ったら、これは大間違いです。不確かな実績に不安を覚える保護者もいるのです。

　また実際に教師としての実績がある人たちとなると、良い噂も、悪い噂もあります。良い噂が優っていれば、悪い噂は払拭できますが、そうでない場合は、やはり現在の評価が霞む傾向にあります。

　つまり、不確かな子どもの情報と、噂の類が、あなたと保護者が懇談会で実際に出会うまでの評価となるのです。理不尽ですよね。会う前から、すでに評価が下がっている可能性があるなんて……。

　ここで何度否定されても言い続けますが「あざとい戦略」なのです。あなたは、先ほど実際に新学期がはじまるまでに、保護者と出会う時間が取れないと言いました。前任者が築いてきた信頼や、社会的地位のある人の信頼を引き継ぐことが大事なことであるとわかっている。でも新年度の忙しい時期に人を集めることは現実的ではない。もし、そう思っているのであれば、それも間違いです。

　まず、あなたにはわからないかもしれませんが、保護者がもつ情報共有のネットワークがあります。それこそ、この時代ですので SNS による口コミです。このネットワークの中で、新年度の学校に関する一番の話題は何だと思いますか？ほとんどが新しい担任についてです。つまり、全員と話す必要などない。「信頼の引き継ぎ」は、たまたま学校に来ていた保護者と、立ち話程度で行えば十分です。信頼されている人の情報であれば、そこは肯定的に広がるはずですから。こういうところに「あざとい戦略」の意味があります。

サチさん　　　保護者同士は SNS でつながっているということか……。その ネットワークって、そんなにすごいのですか？　所詮は噂ですよ。そんなことを 気にして仕事するというのも、何だか違う気がします。

アソカワ教授　　良くも悪くもすごいですよ。よく考えてみてください。幼稚園、 保育園のママ友は、入学してもそのまま SNS でつながっています。日常の子育 てに始まり、保育園や幼稚園のことなども情報交換してきました。これが、さら に福祉の機関とつながっていた場合、そこでの話も共有されています。

　ちなみに、私が現場で相談員をしていた時は、今のような SNS のネットワー クはありませんでした。でも、私が相談の席でどのようなアドバイスをしていた かということは、その日のうちに他の保護者の耳にも届いていました。正直、怖 いと思いましたよ、その時は。

　私は、それ以来、保護者の噂話を様々なところから集めるようにしました。悲 しい話ですが、決して良い噂ばかりではないのです。かなり心折れました。でも、 自分の情報がどのように人に伝わるかを分析できた。後々、これはかなり役に立 ちました。そこで私の方からも、保健師やセラピストに良い噂を流してもらいま した。ただし、嘘は伝わってはいないと思いますよ。

サチさん　　　えっ、本当にやっていたんですか？

アソカワ教授　　架空の話をしてどうするのですか。私が話しているのは、実際 の話です。ネットワークを通じて、良い噂が届いていれば、その後の仕事はかな りやりやすくなる。もちろん、信頼を損ねれば、あっという間に悪い噂も広まる。 そうならないように仕事には、いつも誠実に向き合ってきました。

サチさん　　　「信頼の引き継ぎ」をしてから後は、自分自身への信頼を築か なければならないことは、変わりないということですね。

アソカワ教授　　そうです。周囲が一丸となっていることと、その信頼を壊さな い努力をしていく。そうしてお互いに成長していくという面もありますね。

価値観って？

面談でフランクな話は……

　少し前に「あざとい戦略」の中で、関係を築きたい相手がどのようなことに興味をもっているのか、情報を収集するというものがあがっていました。この中には、幼なじみ、つまり前任者がもっている情報も、併せて引き継ぐということも含まれているのではないかと思います。きっと前任者がもつ情報には、保護者の人となりがわかるようなものも、含まれているのではないでしょうか。関係を築くきっかけになりそうな情報もあると思います。

　でも前任者しか知らない話題を私が突然し始めたら、保護者の方も「どうしてこの人、そんなことまで知っているのだろう？」と、不審に思うのではないでしょうか。

　そうなると個人情報保護の観点からも、前任者だけが知っている情報を私が話題に出すことはできないのではないかと……。

　それに、学校で保護者と出会う場面は、コンパの席ではありません。保護者は、自分の感心事の話をするために学校へ来てはいません。そんな場で、「あなたの好きな映画は何ですか」などと聞くことも、相当おかしなことになるかと思います。あくまでも面談の場は、保護者を介して児童生徒についての話を聞くことになるのではないでしょうか。子どもが、家庭でどのように過ごしているのか、学校には喜んで登校しているのか。子どもは、どんなことに興味をもっているのか。そんな話をすることになると思います。

　ただ……こういう話をすることで、初めて顔を合わせた保護者と、打ち解けた感じになるのでしょうか。教師と保護者が出会うとなると、空気も少々堅苦しい感じになってしまうのではないでしょうか。子どもについての話をしているだけで、保護者との関係は築かれていくものなのでしょうか。

アソカワ教授　確かに、そうですね。学校の面談で、突然「好きな映画は何か」なんて聞いたら、それこそ一瞬で噂になりますね。そんなことを保護者の面談で聞くなんて愚かなことです。

サチさん　わかっていますよ、そんなこと。例としてあげただけです。

アソカワ教授　学校の面談の場に相応しい話題は、子どもについての話題になる。でも、その話だけをしていては、保護者との関係は築けないのではと？

サチさん　そうです。私が言いたいのは、面談の席はコンパのようなフランクな話ができる場面ではないということです。

アソカワ教授　ここでも誤解があるようです。私は、フランクな話をしろと言った覚えはありません。では話を変えましょう。あなたと、保護者の間で共通する話題は、子どものことですね。この時点で、あなたが話をしようとする相手の関心事も、文脈上、子どもの話題になることははっきりしていますね。

サチさん　教師が、保護者と出会う理由は、それに尽きると思います。

アソカワ教授　そうであれば、教育への保護者自身の関心について、聞いたらどうでしょう。どんな学校を保護者は望んでいるのか。どんな担任だと、保護者は子どもを安心して預けられるのか。あくまでも、主語は保護者です。これは、保護者がどんな映画を好んでいるのか、どんな映画をあなたと一緒に見たいと思っているのかを質問をすることと同じです。あなたがおさえるべき情報は、保護者が抱く教育に対する価値観、教師に対して抱く価値観です。

サチさん　教育や教師に対する価値観ですか。そこは考えてもみませんでした。子どもを健やかに育てていきたいという点で、保護者も私も、同じ価値観をもっているはずです。だから今さら聞くまでもない。そう思っていましたが、そうではないということですか……。

保護者のもつ価値

　学校という場所で保護者と交わされる話は、確かに子どもに関するものがほとんどでしょう。ここで、よく誤解されていることとして、保護者は子どもの代弁者であるという認識です。つまり、保護者の価値観は、子どもがもつ価値観と同じだと思い込んでいることです。

　これは、厳密には誤りです。もちろん、保護者は子どもの権利を守る擁護者の１人と言えますが、子どもと同化しているわけではありません。保護者自身が学校に期待していることと、子ども自身が学校に期待していることはまったく別のものとして理解しておくべきです。

　例えば保護者は、学校は勉強を教えてもらうところであり、少しでも成績を良くしてくれるところだと思っている。

　一方、子どもは勉強よりも、友達と楽しく過ごすことを求めている。

　そして、あなたは勉強を頑張るだけではなく、友達とも仲良く過ごせることの両方に重きを置いている。

　どうやら学校に対する価値観は、三者三様ということになります。

　さて、ここであなたは誰の価値観をまず大事にしますか。これは難題です。保護者の価値観を大事にすれば、子どもと自分自身の価値観を否定することになる。もし子どもや、あなたの価値観を大事にしたければ、そこは保護者とは相容れない。それを相手に強く主張すれば、いきなり関係を壊すことにもなります。では、どうするか。

　まず保護者とあなた、そして子どもがもつ価値観が、同じであるという幻想は抱かないことです。価値観がまったく同じであるという確率の方が現実には低いのです。にもかかわらず、なぜか子どものことになると、あなたと保護者は共に同じ価値観をもっているはずだと思い込んでいる。

　でも実際には違うわけですから、一向にお互いの関係は縮まらない。このまま話を続けても、結局、残念な面談に終わってしまうことになるでしょう。

　であれば、とりあえず目の前にいる保護者の価値観を聞くことから始めた方がよいということになりませんか？　仮に、あなたと保護者の学校に対する価値観が異なっていたとしても、そうしておいた方がよいと思いませんか？

サチさん　　　価値観が違う可能性があるのであれば、いきなり自分の話をしない方がよいということですね。

アソカワ教授　　その通りです。価値観は違うことを前提にして、まずは相手の話を聞くことです。「あざとい戦略」としては、まずは相手の話を聞きながら、相手の好みに関心を示すとよいのです。

サチさん　　　大して興味もない映画にも、「それ、興味がある」と言えと?!

アソカワ教授　　保護者が「学校の成績」に関心を示しているのであれば、その話にじっくり耳を傾ければよいでしょう。「学校の成績が良くなると、お子さんも学校が楽しくなりますよね」と、私なら相手に合わせると思います。次に、この際なので保護者は何の教科が好きだったのかも聞くでしょう。おそらく成績が良かった教科が上がってくると思いますよ。話の展開次第では、そこから苦手だった教科についても聞けるかもしれませんね。

サチさん　　　えっ、なぜですか。そんなこと、聞く必要がありますか？

アソカワ教授　　どうしてですか。私は、保護者の学校への価値観をおさえた方がよいと言いました。子どもの価値観ではなく、保護者の価値観です。

サチさん　　　それを聞いて、何の役に立ちますか？

アソカワ教授　　役に立つかはわかりません。でも保護者自身が、学校に対してどのような想いをもっているのかがわかります。勉強が得意だったのか、そうでなかったのか。保護者自身が、学校で少しでも良い成績でいることを期待されて育っていたのかもしれませんね。また話の展開上、保護者から「先生は何の教科が得意だったのですか？」と聞いてくるかもしれません。そうなれば、保護者も私に関心を示してくれたのだと思います。自分自身の価値観も補足しながら伝えます。聞かれた時が、自分の価値観を伝える時ですから。

「価値観」を変える？

私の価値観は……

　アソカワ教授の話では、自分の価値観を積極的に相手に伝えるというよりは、相手の価値観を先に聞くことを大事にしろというお話だったかと思います。これは極端な話、自分とは対立した価値観でも聞き入れろということなのでしょうか。

　確かに、自分がお付き合いをしたいと思う相手であれば、私もそれに似たことをしていたかと思います。「嫌い」を「好き」とは言わないまでも、もともと大して興味もなかったことに、興味を示すふりをしてきたこともありました。もちろん、中にはやってみて楽しいこともあって、それをきっかけに相手と価値観を共有できたこともあったかと思います。

　アソカワ教授の言う通り、「あざとい戦略」によって、相手との距離を縮めていたのだと思います。

　でも、１つ気になるのは、自分に嘘をついてまで、相手に合わせなければならないものなのでしょうか。嫌なことにも付き合わなければ築けない関係ならば、そんなものはなくてもよいと思ってしまいます。こんなことを言ってしまうのも良くないのかもしれませんが、同僚や保護者の方だって、私が嫌々付き合っていれば、きっとそれは知らないうちに態度に出てしまう。そんな付き合い方は望んでいないと思うのです。

　こういうの、私たちよりも上の世代の人たちからすると、ドライな人間関係というのでしょう。あまり好まれないのかもしれませんが……。

　自分と価値観が異なる同僚や保護者に対しても、相手の価値観に合わせた方がよいのでしょうか。そういう関係でいけば、私の価値観なんていつまで経っても理解してもらえないのではないでしょうか。

アソカワ教授　確かにそうですね。相手の色に染まったフリをし続けていたら、あなたが言う通り、いつまでもあなたの価値観を知ることはないでしょうね。そういうお付き合いは、どちらにしても長くは続かないでしょう。ちなみにお付き合いのあった人と別れてしまったのは、そこが理由ですか？

サチさん　いいえ違います。それにしても、今の時代、その質問自体、相当問題ですよ。私は、彼の前では自分らしくいられるような関係になりました。付き合いだして、しばらくしてそういう自分でいられるようになりました。

アソカワ教授　ほう。ある日突然、自分らしく振る舞うようにしたのですか。急にあなたらしく振る舞いだしたら、相手はびっくりしませんでしたか？

サチさん　そんなことするわけないじゃないですか。私が相手に合わせていたら、相手が私の興味があることも聞いてくるようになったんです。それで、私も「こんなことが好きなんだよ」と言うようになりました。付き合い始めてわかったのですが、お互いの価値観が違うところも結構多くありました。本音で話し合える関係にはなりましたが、喧嘩も絶えませんでしたね。

アソカワ教授　そうですか。喧嘩できたということは、双方が自分らしくいられるようになったということですね。よかったじゃないですか。あなたが自分の興味のあることに関心を示してきた。当然、相手も同じようにあなたがどんなことに興味があるのか知りたくなるものですよ。

サチさん　もしかしたら、そこまでが「あざとい戦略」なんですか!!

アソカワ教授　そうですよ。当たり前でしょう。あなたに関心をもってもらうためには、あなたがまず関心を示さないでどうするのですか。自分の話に関心を示さない相手と、お話したいと思いますか。

サチさん　私、なんだかアソカワ教授が信用できなくなりそうです。

価値観は異なる

　私は、相手の価値観に合わせて対応しろとは言いましたが、あなたの価値観を「捻じ曲げろ」などとは言っていないので、そこは誤解がないように。

　先ほども言いましたが、ここで１つ押さえておきたいことは「人の価値観は、もともと異なっている」ことを前提にするということです。また、異なる価値観をもつ相手の価値観を、こちらの都合がいいように変えるということは、言うほど簡単なことではありません。私は、できないと思っていますし、それをすれば喧嘩になるでしょう。

　あなたが、自分らしくいるために、自分の価値観を大事にしたいと言っていたのは、そういうことです。変えようとしてくる相手に抵抗したくなる気持ちもその通りかと思います。

　さて、この価値観は就いている仕事や世代、住んでいる国や、信仰している宗教などで違ってきます。私とあなたも、育ってきた背景が違う。おそらく価値観が同じということはありません。

　そして、この違いについて否定するのではなく相互に尊重する必要があるので、私はあなたの価値観を否定する気は全くありません。

　そうはいっても「あなたは私とまるで違う価値観をもっている」と、いきなり表明すればどうなるか。100％嫌われる。それはそうです。誰だって、自分の価値観に近い人と話をしている方が楽しいですから。そういう意味では、価値観が共有できる相手に対して関心をもつのも、また人間といえます。

　となれば関係を始めたい相手に自分の価値観を伝える前に、相手の価値観に耳を傾けることが先ということになります。あなたが相手の価値観について、興味を示していることを知らせるためにも。

　おそらく、相手もそんな姿勢を示してくるあなたに対して、悪い印象はもたないはずです。別段、邪険に扱う必要もない。自分の価値観に関心を示してくれる、受け入れてくれる。そうであるならば話をしてみようか。そんな気にもなるでしょう。

　どんな関係を始めるにしても、どちらか一方がそのきっかけを作ることから、まずは始めなければならないのです。

サチさん　　　　よくわかりました。海外に行くと、自分の考えはちゃんと表明しないと誰も相手にはしてくれないと聞きます。でも私たちの住むこの国で、それをいきなりしてしまうと確かに関係は難しくなるかと思います。

アソカワ教授　　それこそ、日本人のもつ価値観と、海外に住む人たちとの価値観は違う。どちらが正しいというのではなく、違っていることが前提なのです。その上で海外に行って、「日本人は、初めて会った人に自分の考えをいきなり話したりはしないのです」と説明してはいけないと言っている。説明したところで「何言っているの。意味わかんない」と返ってくる。きっと相手にしてもらえなくなる。これを避けなさいと言っている。郷に入れば、郷に従えです。その場で大事にされている価値観を、一旦は取り入れることです。

サチさん　　　　なるほど……でも、ちょっと引っ掛かります。相手の価値観を知るためには、ただ話を聞いていればよいということですか。大して興味のない映画でも「私も見てみたい」などと返す。本当は見たくなくても、さも興味があるかのように共感を示すということですよね。どうしても、そういうところって顔に出やすいからな、私……。

アソカワ教授　　顔どころか、態度にも、話し口調にも出ていますよ。私の話は、どこまでも怪しいのではないかと疑っていることも伝わってきますし。

サチさん　　　　そうなんです。どうしたらいいでしょう。

アソカワ教授　　私は、相手を知るために情報を集める必要があると言いました。合わせろとは言いましたが、共感しろとまでは言っていません。いずれ、必ず必要になる可能性のある情報を収集しろと言っている。合わせて相手が話をしたくなるようにする。例えば、相槌を打ちながら「なるほど」とか、「そうなんですね」なんていうことが口から出てくればよいし、「○○ということなのですね」と、相手の話を繰り返すと、あなたがちゃんと話を聞いていることは伝わりますよ。

保護者との関係が壊れたら？

相手が嫌がること……

　今まで話を聞いてきて、色々なことを知ることができました。

　1つは、私はこれまで大人と人間関係を築くことをしてこなかった。だから、実際に保護者とどのように関係を築いていけばよいかも、わかっていなかった。時間が経てば自然と築かれるものではなく、前任者や関係者の信頼、信用を前借りしながら関係を築いていかなければならないということも。

　そして価値観の話です。当たり前ですが、社会に出たらこれまでのように、同じ世代だけで固まって価値観を共有していればよいわけではない。様々な世代や、職業の人たちがもっている多様な価値観に触れなければならない。この時に、「相手も自分と同じ価値観である」という思い込みはもたない方がよい。これもわかりました。相手の価値観を、まず聞き入れることから始める。そうすることで、聞き手である私の存在を受け入れてもらう。その先に、私の価値観を聞いてもらう関係があるのだと。

　こういう話を知らないまま、私は教師になろうとしていました。今から思うと、ゾッとします。もし、ここまでの話を知らないまま、保護者と向かい合っても、きっと私は何もできなかったと思います。関係が築かれる前に壊れてしまったのではないかと思います。

　保護者との関係がうまくいかなくなることで、今度は子どもたちのために使える時間も奪われてしまう。そうなれば、きっと子どもたちとの関係だって壊れてしまう。先輩が教師を辞めてしまったのは、まさにこういうことだったのだと思います。

　もし、保護者との関係が壊れてしまったならば、その場合はどうすればよいのでしょう。再度築き直すには、どのようなことをすればよいのですか？

アソカワ教授　知って現場に出るのと、知らずに現場に出るのとでは、教師生活も変わっていくことでしょうから。それでは、少し確認させてください。あなたは関係が壊れてしまった時の心配をしていますが、お付き合いしていた人との関係は、その後、再度築き直すことはできましたか？

サチさん　もぉ～、アソカワ教授、ダメ！　何度も、何度も。ハラスメントになりますって。私のプライバシーに首突っ込まないでください！

アソカワ教授　すみません。気分を害しているのであれば、謝ります。なんせ、私たちの世代の価値観が、今の時代の価値観とズレているところが多くあります。だからといって甘えているのではなく、改めなければならないことは改める努力はします。申し訳ない……………………………………………………………。

サチさん　まったく改めた努力の結果が出ていないのですよ。私が付き合っていた人と、関係を再度、築くことができたのかという質問。角度を変えて、もう一度質問してください。

アソカワ教授　では改めて。もしあなたがお付き合いをしている人と別れてしまったとします。その人と、もう一度関係を築き直すことはできますか？

サチさん　う～ん、変わっていないような……。というか、アソカワ教授の質問、ハラスメントなのか私も正直よくわかっていないんです。

アソカワ教授　あなたの身近にあることを例に話をした方が、何かとわかってもらえるのではないかと思っていたものですから。でも、もし不快に思っていたのであれば、そこは謝ります。ハラスメントの基準はそこになります。

サチさん　いいえ。その～、嫌な気持ちはないのです。ただ世間的にはダメというか。私も、本当に嫌ならば、ここには来ていないと思いますし。ということは、アソカワ教授の質問ってハラスメントにはなっていないってこと?!

関係は壊さない……

　私とあなたの間には、価値観の違いがある。世代が違えば、価値観は違う。実際に触れてきた社会の空気も違う。異なる文化をもっている。今ではコンプライアンス的に絶対アウトであるコントに大笑いしていた世代です。もちろん、その時代にもそうした笑いに、傷ついていた人たちがいました。今になって、そのことを知ることで、そうした価値観を改めなければと思っています。私の先程の質問も、そう受け取る人にとってはアウトなのです。

　以前、相談員をしていたころ、意図せず保護者と関係を壊してしまったケースがたくさんありました。今の話のように、私にはそのようなつもりはなくても、相手にとっては不快な想いをさせてしまっていた。そのことに気づかずにいたことが原因です。そういう意味では、やってはいけないことというものがあるのです。

　この際です。保護者が嫌がることをお話ししておきましょうか。

　1つは、子どもの困った行動を解決する時だけ、保護者と話し合いの機会をもとうとする。これは嫌がります。ダメです。我が子の問題にしか目がいっていない教師なのではないかと不信感を抱かれます。実際にそういうことばかり繰り返していたら、学校からの電話には一切出なくなってしまったという保護者もいます。

　また学校で起きている問題の原因は、全て家庭にあるとして、保護者に一方的に変容を迫る。これもダメです。

　それと時代によっては、子育ての文化的背景は異なります。家族構成が変われば、子どもの育て方まで変わる。住んでいる地域によっても、違いはあるでしょう。その違いを認めずに、正論や一般論を盾にしていても、相手に届かないどころかリアリティが感じられない。これも嫌がります。ダメです。

　そして、先程も話をした保護者のもつ価値観を否定すること。これは喧嘩を売っているようなものです。だからダメ。

　最後に、校内連携がボロボロであることをバラす。同僚や管理職の悪口をペラペラと話す人がいます。聞いていて不愉快になるものです。教師同士が仲良くやっていないところに、子どもは預けたいとは思わない。これもダメです。

サチさん　　　相手が嫌がることを避けることは大事です。でも、相手が嫌がっているのか、不快に思っているのかを知らなければ、それもできませんね。

アソカワ教授　　　そうですね。だから、できるだけ多様な声を聞く。そういう声には謙虚な姿勢で耳を傾ける。企業などでも、クレームの内容が商品の質を保つことや、新しい商品開発につながると聞きます。私も、あなたから様々なダメ出しを喰らったおかげで、あなたとの関係を築く上で、この先、言ってはいけないことが何なのかを知ることができました。

サチさん　　　でも中には、「アソカワ教授、キモい」とか「新人だからお前はダメ」みたいなものもあるかと。これも大事にしなければならないのですか。

アソカワ教授　　　それは人格を否定するものです。クレームというよりは、人権侵害です。そこは毅然とした対応をしてよいところだと思いますが……。

サチさん　　　ところで、アソカワ教授。先ほどの私が付き合っていた人と別れてから、もう一度関係を築き直すことはできたかという質問、私はまだ応えていなかったかと……。その先の話も聞いてみたいので、とりあえずお応えします。築き直しは無理でした。少しは頑張ってみたのですが、もうどんどん関係は悪くなるばかり。実際にはどうにもなりませんでした。

アソカワ教授　　　やはり、そうでしたか!!　壊れてしまうと築き直しはできない！私も、関係が壊れた保護者とは、第三者の仲裁がなければどうにもならなかった。だから壊さないようにするしかないのです。でも、もしあなたが前借りしていた前任者の信頼を完済し、自分自身の貯金で関係が築けていれば、そう簡単に関係は壊れないはずです。あなたが、ここに足を運んだように。

サチさん　　　アソカワ教授……「やはりそうでしたか!!」の「!!」がちょっとリアクション的に気になります。まっ、総じて教授からはよい話が聞けたので許しますが……。いよいよ来月には教壇に立ちます。お世話になりました!!

第**2**章

新学期と「私の教室」

私はハズレた？

私の噂が広まっている……

　私は、どうやら保護者の間では「ハズレ」だったらしい……。

　自分でも、どうしてそういう噂になっているのかわからないが、たまたま同期の親戚の子どもがうちの学校にいるらしい。そこで「新任の先生の評判が良くない。ハズレた」と聞いたらしい。私が着任した学校で、新任は私だけだ。つまり、他でもない。この私の評判がよろしくないらしい。同期は心配になって私に連絡をくれた。そうはいっても、当の私自身が預かり知らない話だ。そんな話は、管理職からも同僚たちからも聞いていない。何か、やらかしていたならば、校長からの指導もあるはずだ。でも、それもない。

　つまり私には、心当たりがない。第一、まだ保護者に会ったことすらない。保護者懇談会は月末だ。だから私はまだ保護者に対して、何かやらかした記憶がないのだ。

　子どもたちだろうか。彼らの評判を落とすようなことを、私はしてしまっただろうか。いや、この2週間、落とすようなことしかしていない気がする。

　国語の時間なのに、間違えて体育だと思って、体育館で1人待っていたことだろうか。それとも、子どもたちとアリの行列を観察していたら、そのまま夢中になってしまったことだろうか。あの時は、子どもに「先生、もう休み時間終わっているけど、まだいいの？」って言われてハッとした。この出来事が、保護者に伝われば、当然、悪い噂になるはずだ。

　だめだ、考えれば考えるほど、私の失敗は1つや2つではないと思えてくる。何もなかった日なんて、1日もないじゃないか。その一つひとつが、保護者にも伝わっているとすれば、悪い噂が広がったっておかしくない。どうしたものだろう。校長に相談した方がよいだろうか……。

ヒロシ先生 どうしたの。浮かない顔をして。授業も始まったから、疲れが溜まっているのかな。ま、仕方ないよね、こればかりは。教師が授業しないわけいかないし。そのうち慣れるよ。

サチ先生 ヒロシ先生……実は、私、保護者の間で評判が悪いらしいんです。心当たりがないので、何が原因かもわからないんですけれど。

ヒロシ先生 心当たりがない。原因もわからない。なのに、評判が悪い？ それもすごい話だね。どっちにしても、悪評の内容も、何が原因かもわからないなら、改善のしようもないじゃない。

サチ先生 そうなのですが、私、子どもたちの前では、失敗だらけなんです。だから、私のことを見て、頼りない先生と思っている子どもたちもいると思います。その子が、保護者に話したんだと思います。

ヒロシ先生 そっか……。どんな教師にもあるからなぁ。子どもたちは、良いことも、悪いことも保護者に話すよ。それを心配して連絡してくる保護者も最近は多い。サチ先生のところにも、本当に心配している保護者は、直接連絡してくるはずだよ。でも、まだなんの連絡もないんでしょ。なら、そういうことにはなっていないんじゃないかな？

サチ先生 でも、私と同期の親戚が、この学校に通っているらしいんです。私が受けもつクラスの子じゃないようなのですが……そこから私の噂が流れているっていう話が伝わってきました。今、色々とクレーム言われても、私、それに対応する余裕はないです……。どうしたらいいでしょう。

ヒロシ先生 そりゃ、そうだ。今は相談してくれるだけで十分かな。

サチ先生 「報告・連絡・相談」をとにかく忘れるなって、新任研修でも言われました。私は、心配性なので不安はどうしても口に出してしまいます。

傷が浅いうちに……

　それでいいよ。何か具体的に保護者から連絡があったというわけじゃないんだから、今は気にしないことだね。そんなことじゃ、この先、何もかも心配に思えてどうにもならなくなるよ。保護者対応については、難しいところもあるけれど、逆に変な思い込みが強すぎて空回りするからよくないんだ。

　それに、今は失敗していいんだよ。僕なんかさ、初めの年は、そりゃもう酷いものだったよ。今だって、失敗はしょっちゅうある。子どもたちには申し訳ないなって、いつも思っている。でもね、これまでこの学校にいた先輩も、管理職も本当によくサポートしてくれたから、なんとかやってこられたよ……。

　とにかく、さっき言っていた「報・連・相」を忘れないでいてくれればいいよ。これさえ心がけておけば、周りもすぐにサポートできる。傷口が浅いうちに解決することが、とにかく大事なんだ。でも、時々、「報・連・相」ができない新人さんもいる。といっても、ぼくの後輩だったんだけどね。

　保護者から、子どものことで気になっていることがあると、連絡帳を通じて相談してきたんだ。もちろん、初めのうちはそれに丁寧に答えていた。でも、そのうち「お願いしたことを、やってくれていない」とか、「うちの子のこと、ちゃんと見てくれているのか」って、連絡帳に書いてくるようになった。もちろん、丁寧に返事をしていた。ところが、だんだんエスカレートしていく。だから、どう返事をしてよいかわからなくなってしまったんだ。とうとう返事が書けなくなった。そうすると、今度は「無視するのか」って。もう、八方塞がりだった。どう解決すればよいのか、わからなくなってしまったんだ。

　保護者は、無視されたと思ったんだね。埒が明かないからって校長に連絡してきた。でも校長も、経過については何も知らされていなかった。だから話が噛み合わない。当然だけど、保護者の怒りもおさまらなくなってしまった。両親揃って、学校に怒鳴り込んできたんだ。学校も、その時点ではどうすることもできなくなっていた。結局、１年も経たずに、彼女は教師を辞めてしまった。

　残念だったけど、本人は続けていく自信を無くしてしまったんだ。今は、福祉の現場で相談支援の仕事をしている。当時のことは、今でもあまり話したがらないね……。

サチ先生　問題が深刻になってからの対応は難しいんですね。関係が破綻してしまったら、どうにもならない。そう、大学の教授に教わりました。今は、「報・連・相」を心がけます。保護者からの悪い噂を直接聞いたら、すぐにヒロシ先生に相談しますね。

ヒロシ先生　ははは、そうなっていた時は、もう噂ではないね。ところで、サチ先生は、自分の子どものことしか考えていない保護者のことをどう思う？

サチ先生　私、そういう保護者がいるって聞いた時、とても勝手だなって思っていました。でも最近は、少し考え方を変えています。保護者それぞれに、子どもに対する価値観は違います。それは、私の価値観とは同じではないんだって、そう考えるようにしています。

ヒロシ先生　ほぉぉ。こりゃ驚いた。そういう考え方ができるんだ。自分の子どものことだけを考えるのは、保護者なら当たり前のことなんだ。辞めてしまった、さっきの先生の話なんだけど……。辞めるほんのちょっと前、その先生の母親が学校に来た。本人は休職していたから、そのことは今でも知らない。その時、母親が「どうして、うちの娘を守ってくれなかったんだ」って、校長の前で泣いていた。その母親も教師をしているんだ。それを見た時、思ったよ。親は、いつまでも親なんだって。教師であっても、親なんだって。

サチ先生　きっと、私がそうなったら、うちの親も大変だろうな。父親なんか、絶対に学校に押しかけてくると思います。そう考えると、保護者は、みんな自分の子どものことで一生懸命なんですよね。

ヒロシ先生　そう、そこなんだ。わかってあげなきゃいけないところは。でも僕らも人間。わかってあげることは大事だけど、できることとできないことはある。そこは、線引きをしておくことも必要だよっと……電話だ!!　はい……あぁ、私です…それは、詳しくお話を伺わなければ。ただ、今日の勤務時間はもう終わります。明日以降、学校にお越しいただけますか？

保護者の声？

包み隠さず話すこと……

　翌日、ヒロシ先生が担任するタカダさんという児童の母親が来校した。私は直接、そこでの話は聞いていない。お茶を出すために、面談室に入った。空気がピンと張り詰めていて、息が詰まりそうだった。これからどんな話があるのか、大体の察しはついた。絶対に良い話の訳がない。

　1時間程して、母親とヒロシ先生は面談室から出てきた。そしてそのまま、2人はしばらく廊下で談笑していた。あのヒリヒリするような面談室での様子は微塵も感じられないのが今は不思議だ。

　時に保護者は笑い声をあげ「また、先生そんなこと言っていると、今度は他の保護者が怒鳴り込んでくるわよ」と言っている。

　「もし、そんなことになったら、今度はタカダさんに守ってもらいますよ」とヒロシ先生も高らかに笑っている。

　一体なんなんだろう、これって。あの空気からは想像もできない。

　昨日、電話を受けてすぐ、ヒロシ先生が言っていた言葉を思い出した。

　「明日の話し合いは、きっと良い話し合いになる。そう思い込むことが必要なんだ。保護者から、児童についての相談があると、つい悪い方に考えてしまうじゃない。けれど、それだと話し合いはうまくいかないんだ……。だから、子どものことで良い話し合いができる、そう思い込むようにしている」

　それは、私へのアドバイスというより、ヒロシ先生が自分に言い聞かせている。そう聞こえた。

　実際に、良い話だったのだろうか。面談室では、お互いに緊張していたから、あんな面持ちで向かい合っていた？　でも、実際には、それほど深刻なものではなかった……？

ヒロシ先生　はぁ、疲れた。いつになっても深刻な相談はしんどいもんだね。

サチ先生　深刻な相談だったのですか!!　保護者の方、帰られる時に笑っていましたよ。私は、てっきり良い話だったのかと思っていました。

ヒロシ先生　僕のクラスの中で、いじめが起こっているんじゃないかって心配して来られたんだ。うちのクラスにいる、ムラカミくんのことは知っているでしょ。この前の校内委員会でも話題にあがっていた子だよ。彼のことを数人の子が、からかっていた。タカダさんは、それを注意したんだ。そしたら、今度はタカダさんに対して、ひどいことを言ったらしい。僕は、その場面を直接見ていなかったのだけれど、昨日、タカダさんの母親からの話で知った。今日、懇談に入る前に、からかっていた子どもたちに直接、話を聞いたよ。タカダさんの話はどうやら本当のことだった。とにかく、その子どもたちにはすぐに指導して、今、その報告をしたところだよ。

サチ先生　タカダさんのお母様は、納得されたんですか？

ヒロシ先生　わからない。でも、こちらで確認している事実は包み隠さず伝えた。再発しないように、僕が何をすべきかも話をさせてもらった。もちろん、ムラカミくんも、タカダさんも安心して学校に来れるように、学校として責任をもった対応をすると約束した。

サチ先生　そうなんですか……タカダさんのお母様が、納得して帰って行ったのもわかる気がする。安心していただくことが大事なんですね。

ヒロシ先生　いや、違う。安心させることじゃないんだ。1つは、隠さないこと。僕は、この1件において何も隠していなかったからね。

サチ先生　包み隠さず話をすると、保護者は笑顔で帰っていくっていうのが、ちょっとわかりません。かえって激怒する保護者もいませんか？

保護者と協力するということ

　確かにそうだね。でもさ、隠されたり、嘘をつかれたりする方が嫌なんじゃないかな。そんなことしていたら、いつまで経っても信頼関係なんて築くことはできないよ。昨日も話したけれど、教師も人間なんだ。間違えることだってあるし、行き届かないことだってある。

　僕は、確かにいじめの兆候を見逃していたんだ。そのことは、タカダさんが保護者に話をして初めてわかった。しかも学校で起きていたことなのに、タカダさんは僕に話すのではなく、保護者にそれを訴えた。僕がまだ、タカダさんに信頼されていなかった証拠だ。そこは教師として認めなければならない。そして、そのことを保護者が僕に教えてくれた。だから、僕はそのことで子どもたちに指導をすることができた。保護者と協力するということはこういうことだと思うんだ。

　だから僕は謝罪ではなく、まずお礼を伝えた。自分の至らないところを反省することも必要だとは思う。でも今回の話は、僕のクラスの子どもたち全員にとってプラスになることだった。だから、すぐに教えてくれたタカダさんにも、タカダさんのお母さんにもお礼を伝えることが先だと思った。もちろん、自分の至らなさについては謝罪をした。

　そして、今の自分が教師としてできることを、いくつかお伝えした。ただ、正直、僕はいつも自信がないんだ。だから、保護者にも、聞いてみた。学校の外から見て、僕らにできることは何かないかって。

　そうしたら、タカダさんのお母さんは「ウチの娘は、たまたま私に話をしてくれたから、こうして先生にも伝えることができた。けれど、みんながみんな伝えられるわけじゃない。それにムラカミさんは、今回のことを知らないと思う。もっと保護者との間でも情報を共有して、先生たちの知らないことを知ってもらうことも必要だと思う」とアイデアをもらったよ。

　確かにそうなんだ。教師がもつ情報以上のことを、保護者が知っているなんてことはよくある。それに、今回の件、言われて気づいたよ。ムラカミくんの保護者への報告についても、僕には少しためらいもあったことは隠しきれなかったから……。結局、今回の面談は僕にとっては有り難いことだらけだった。

サチ先生　　そういう話し合いになるのって、理想ですよね。

ヒロシ先生　　そうかな？　理想というより、こういうことだと思うけど面談って。保護者からのアイデアをもらうことで、自分にない考え方も知ることができるし、それが教育に活かせたらいいに決まっている。

サチ先生　　ところで、今もらったアイデアって、具体的にどう活かしていくのですか。SNSなんかでグループ作るわけにもいかないですよね。

ヒロシ先生　　それも提案されたけれど、SNSは確かに難しいね。直接、保護者とSNSでつながることは色々な点で難しい。サチ先生も知っているよね。だから、この辺りは校長からもちゃんと伝えてもらった。でも、自分の子どものことを一番大事にしてもらいながら、その教室が生活しやすい空気になるためには、やはり保護者と一緒にやっていくことは大事なことだと思う。そのことを保護者懇談会でも伝えてみたいって思うんだよ。

サチ先生　　今回のタカダさんみたいに、子どもたちのことで気になることは積極的に教えてもらうということですか……。そんなことしたら、ヒロシ先生、毎日保護者と面談することになりませんか。教室の中は、教師の目に見えないこともたくさん起こっていますよね。もし、そういう声をいくらでも伝えてほしいと言えば、どうなっちゃうんだろう。私は、毎日の準備で精いっぱい。対応できないと思います。

ヒロシ先生　　そうだね……。それは、僕も同じ。サチ先生が言うように難しいかな……。でも、そうなるっていうことは、保護者の多くが僕の学級経営に不安をもっているってことになる。その原因ってもしかしたら学級の様子が、保護者に伝わっていないからかな……。だからサチ先生が言うように、保護者の不安の声の方がたくさん寄せられてしまう。

　学級通信、今年は少し変えようかな……。内容も連絡事項ばかりでなく、子どもたちの様子、授業の様子にも興味をもってもらった方がいいかな。

去年の担任の方が良かった？

ついにクレームが来た……

　ヒロシ先生は、あの一件があって以来、学級通信を連日書いている。そして、毎日のように校長とバトルをしている。発行する内容を、校長がチェックすると言い出したからだ。校長は表現の一つひとつにまで赤ペンを入れて、修正を求めてくる。そのせいで、学級通信の発行が遅れる。これでは学級通信の意味がなくなる。今日、学校であったことを、すぐに保護者が知る。そうすれば、保護者と子どもたちのコミュニケーションのきっかけにもなるし、学校の変な噂も立ちにくくなるというのがヒロシ先生の考えだ。ヒロシ先生の学級通信は面白い。子どもの様子がイキイキと伝わる。問題のある表現とも思えない。けれど校長の赤ペンがあちこちに入っている。ここが謎なんだ。

　それでも、学級通信の効果はあるようだ。反響が少しずつ寄せられている。そのどれもが、この学級通信を好意的に受け止めているというものだった。SNSでなくても、保護者とつながることはできるし、連絡帳で反応が返ってくれば学級通信は、教室と保護者の交流の場になる。しかも、子どもたちも一緒になって、この輪に巻き込まれていく。

　私は、もっと先輩教師を見習わなければならない。アソカワ教授が言っていた通りなのだ。前任者と私は、あらゆるところで比較されている。そしてとうとう今日、児童の保護者からの連絡帳に、こんなことを書かれてしまった。

　「前の担任の先生は、子どものノートに、もう少し丁寧な指導をしてくれました。サチ先生がまだ慣れていないことは、わかります。でも、子どもは、先生を選べません」

　もう噂なんかじゃない。これは私への明確なクレームだ。私の教育は、保護者たちには認められていないのだ。

ヒロシ先生　　　へぇ……、こりゃ、なかなか厳しいコメントだね。で、どう返事するの。こういう声には、丁寧に返事をすべきだと思うけど、何か指導に心当たりはあるの？

サチ先生　　　噂では聞いていましたけれど、こうハッキリ言われたことはないのでなんとも言えないんです……。ショックです。私、子どもたちのノートにウサギの絵を描いて、そこに「今日もよく頑張りました!!」ってコメント入れているんです。よくできている子も、残念だった子も、みんな同じように「よく、頑張りました!!」って。それを気に入らない保護者がいるみたいで。

ヒロシ先生　　　そっか……。前の担任って言うと、ナガオカ先生だね。ナガオカ先生も、色々と苦労されて勉強されてきたからなぁ。そういえば、子どもたちのノートに、的確なコメントをしてくれることが、保護者の間でも評判になっていたね。

サチ先生　　　私、まだナガオカ先生とお話ししたことがありません。いつも教室でお仕事されていますよね。職員室におられる時は、いつも忙しくされているので声もかけづらくて。

ヒロシ先生　　　まるで、僕なら暇そうに見えるから、声かけても大丈夫みたいな言い方だね。確かに先生方は、みんな忙しいからね。声かけられると手を止めなければならないから、最近は、職員室で仕事したがらない先生もいるし。ナガオカ先生は、確かにあまり他の先生方とも話はしないからなぁ……。

サチ先生　　　ヒロシ先生は暇だなんて思っていませんよ！　本当は、声をかけちゃいけないのかもしれないけれど、「報・連・相」が大事だって言っていただけたから……甘えてしまって。私もナガオカ先生を真似て、子どもたちへのコメントは、丁寧に書き込んだほうがいいのかなぁって思いました。どの子にも、喜んでもらえるノートにしたいなって思っていたけど、そういうことは、保護者も求めていないんですよね、きっと。

教育のプロとして……

　その言い方はちょっと、引っかかるな……。サチ先生は、ナガオカ先生の指導の評判がいいから、それを真似したほうがよいということだよね。　確かに良い実践を見習うということは大事だよ。だから僕もナガオカ先生には、アドバイスをもらったほうがよいと思う。もちろん、そこはナガオカ先生の都合もちゃんと聞いて時間を作ってもらうといい。教師は、学び合う関係にないといけないことは、彼も十分にわかっているはずだよ。

　僕が１つ気になったことは、保護者が前の担任の方が良かったと言うから、それを真似した方がよいと言っていたこと。真似は大事なことだけれど、なぜ、前任者がそのような実践を行っていたのか、サチ先生は考えてみたことはあるのかな。何も考えずに、ただ真似ればいいって、僕には聞こえたんだけど。

　それにサチ先生は、ウサギのイラストを問題にしているけれど、僕はそこが問題だとは思っていない。それはそれで、子どもたちのことを考えてのことだと思うから。問題は、子どもたちの学びに、そのコメントがどう機能していたのか、自身に問わなかったことだと思うんだ。「頑張ったね」と子どもたちに伝えることは悪いことじゃない。でも、その子は何を頑張ったの？　そこが、伝わらなければ指導していることにはならない。

　僕が思うに、保護者も、子どもたちが学校で何を学んでいるのか、チェックしていたんだよ。ところが、毎日同じコメントばかり書いてある。SNSで言うところの「いいね」がポチッとされているような感じ。だから、段々と心配になってきた。ナガオカ先生のコメントは、どこが良くできていて、どこに課題があるのか、どうすればもっと良くなっていくのか、そんなところをしっかりとコメントしていたはずだよ。毎回、同じように褒めているだけでは、何も見ていないというメッセージとして保護者には伝わったんだ。もう一度、自分の指導を見直してみたらどうだろう。その上で改めるべきことがあれば、そのことを保護者に伝えてみたらどうだろう。保護者は、サチ先生が教育のプロなのかどうかを問うてきているんだ。それには、しっかりと答えないと。

　ちなみに、ナガオカ先生も、「前の担任は、しっかりやってくれていた」と保護者に言われたことがあったんだ。その時は、相当落ち込んでいたよ。

サチ先生　えっ、ナガオカ先生がですか。だって、今、とても評判がいいじゃないですか。昔からずっと評判がいいって思っていました。

ヒロシ先生　そうだね。僕がこういうのもなんだけど、保護者は、よっぽどのことがない限り、年度の初めは「前の担任の方がよかった」って思っているよ。理由は簡単。1年という時間を、なんだかんだと子どものことで協働してきたんだ。新しい担任がもっていない時間を共有していた。だから、不安が半分、期待が半分。4月の教師への評価は、誰がなっても不安定なものだよ。

サチ先生　幼なじみにもち上げてもらえればいいって、こういうことか……

ヒロシ先生　何、それ？

サチ先生　前の担任が保護者の信頼を得ているなら、その先生に自分のことをもち上げてもらうっていう例え話です。これ、大学の教授の受け売りです。前任者を幼なじみに例えていたので……。

ヒロシ先生　面白い話だね。幼なじみが、もち上げる…。それ、ある意味正しいと思うよ。というより、今、それ実際にやろうとしていたでしょ。サチ先生が、ナガオカ先生の実践から学ぼうとしていたのは、保護者のナガオカ先生への信頼の一部を使っちゃおうと考えたからでしょ。

サチ先生　そうとも言えますね。信頼を使っちゃおうと思ってました。

ヒロシ先生　そこなんだよ。だから、その先生が築いてきた信頼を、何も考えずに使っちゃいけない。どうやって自分の財産にしていくのか考えないと。自分の実践の、どこが良くて、何に課題があって、どうすることでもっと自分を伸ばしていけるのか、そこを考えないと。「何か言われたから、直しておきました」みたいなことは、してはいけない。そんなこと続けていたら、保護者の信頼なんて得られないよ。あっという間に借金生活になるだけかな。

教育のプロフェッショナルって？

私はプロの教師なのだろうか……

　連絡帳の返事は、ヒロシ先生が一緒に考えてくれた。とにかく、自分の指導の至らないところを詫びるとともに、一度、直接お会いして話したいということを伝えた。

　いずれにしても、私は今の時点で何1つうまくやれていない。正直、落ち込むばかりだ。

　今日は、ナガオカ先生と話す時間が作れた。私は、率直に自分自身の指導について意見を求めた。でも、ナガオカ先生の返事は「それは、自分で考えるべきだ」と素っ気ないものだった。そして、こんなことを言われた。

　「失敗から学ぶと、よく言うけれど、それを許してくれるのは同僚だけです。保護者は、失敗を許してはくれません。結局、失ったものは自分で取り戻すしかありません。最後は、誰もが認めてくれる教師になることです。そのためには、学び続けなければならないのです」

　この言葉は、私が予想していたものとは違った。私は、もう少し具体的な指導方法を知りたかった。でも、今の私はそれを理解できるだけのことを学んでいないし、この先、学び続けようという姿勢は曖昧で不透明なものだった。今は、この環境に慣れることが先だと言い訳している。それも見透かされていた。ナガオカ先生は、休日にもセミナーを受けたり、研究会などにも参加したりしているという。「一体、いつ休んでいるのですか」、思わず、そう尋ねた。

　「私は、自分がプロの教師として認めてもらえなくなることの方が怖いから学んでいます。保護者は、教師だから自分を認めてくれているのではなく、子どもたちに教育をする技術をもっているから認めてくれるのです。サチ先生も、プロの教師として学び続ける姿勢がないと、いつか失敗をしますよ……」

ヒロシ先生　ナガオカ先生らしいね。彼が、あまり職員室にいたがらないのには、理由があるんだ。彼のクラス、以前、崩壊しちゃったっていう話を知っているかな。その時、周囲の教師も色々なアドバイスをした。でも、どれも根拠のある指導法というよりは、精神論が多かった。結局、改善するどころか、もっと悪くなった。だから、あまり同僚を信用していないんだよね。

サチ先生　他の先生方も、助言してくれていたのに……。それでどうなったのですか。

ヒロシ先生　年度の後半は、保護者が交代で授業見学にきた。そして口々に、こうしたらどうだ、ああしたらどうかと勝手なことを言い始めた。言い方は悪いけれど、授業作りについては保護者は素人。よくなるはずがなかった。

サチ先生　じゃあナガオカ先生、どうすることもできなかったんですね。

ヒロシ先生　でも、それ以来、彼は子どもたちが授業に参加しないのは、そういう授業を自分が作れていなかったからだと言うようになった。自分に、その技術がないうちは何をやってもダメだって。それからの彼は、エビデンスのある指導法や授業法に関わる研究会やセミナーに行くようになった。自分で納得できるものは、その本質を理解した上で自分の実践にも取り入れていたし。

サチ先生　すごいですよね。私も言われました。誰もが認めてくれる教師になるには学び続けるしかないって。そうやって、保護者の信頼を得たんですね。私は、保護者の信頼を得られるプロフェッショナルになれるのかなぁ……

ヒロシ先生　ところが、そのころは、彼がどんなに勉強しても、どんなに素晴らしい授業をしていても、保護者の評判はすぐには良くならなかった。

サチ先生　えぇ‼　なんで。だって、その年以来、学級崩壊は起きていないんでしょ。どうして、いい評判は広まらないんですか？

教育のプロとして……

　厳しい話だけれど、これが現実だよ。一度押された烙印は、そう簡単には消せない。彼の一件があって以来、僕たちも大きな失敗をしないように、みんなで情報を共有するようにしている。トラブルは早期に対応するに尽きるからね。小さな失敗はみんなある。失敗がない人間なんて、いないからね。そこから得られることも、僕は大事にしてほしいと思っている。それに今は、みんなでサチ先生をフォローするから、安心していいよ。

　ナガオカ先生は、そういうところはシビアに考えているところがある。失敗した自分を変えられるのは、自分の努力でしかないというのが彼の持論だからね。彼が保護者に認められるようになったのだって、あちこちで学んだ知識と経験を駆使して作り上げた授業だった。彼は ICT を取り入れた授業づくりを積極的に進めてきた。子どもたちからの評判もよかった。そして、その実践が表彰された。そこでようやく、保護者が彼を認めるようになったんだ。

　専門性が低い教師は、子どもや保護者からは認められないというのは、僕もその通りだと思う。勉強していない教師がいるのも確かだから。保護者の中には教師より学歴が高かったり、教師以上に高度な専門的技術をもっていたりする。だから教師を頼りなく思っている保護者もいるんだ。それに今から 20 年くらい前だったかな。「不適格教員」という言葉もメディアに溢れた。教員免許更新制度も、この流れの中で始まったんだ。教師がバッシングされたのも、このころだったと思う。もっとも、この教員免許更新制度は開始早々、現場の教師からは大反発をくらった。それが、昨今の急激な教師不足解消のために慌てて廃止したようなところもある。

　で、ここにきて ICT などの技術革新が急激に起きた。Society 5.0 とかSingularity とかね……どんな社会なんだろうね。想像できない。けれども教育は、こうした時代の変革を見据えたものへと変わらなければならなくなったことは確かだと思う。そして、今までとは違う意味で、教師に高度な専門性が求められるようになった。ただ、僕には正直、これからの時代の教師の専門性とは、具体的にどういうものなのか、皆目見当がついていない。SF のような世界で、教壇に立つ自分が想像できないんだ。

サチ先生　　私も、大学でICTを使った教材作りとか、少しやりました。でも、プログラミングとか、実のところよくわからないし……。ヒロシ先生がわからないこと、私なんて、もっとよくわからないですよ。

ヒロシ先生　　今は、そういう技術をどう使えばよいのか模索しているところだよ。これまでの教育は、子どもたちに正解、不正解を求めてきた。それが、ここにきて、答えのない課題を探究することを求められても、教師自身がどうしてよいのかわからない。ナガオカ先生も、そこがわからないから、勉強しているのだと思う。その姿勢は大事だ。けれども僕は、そういう時代だからこそ、教師同士がもっと、授業づくりについて学び合う必要があると思っている。だって、そこしかないじゃない、教師の専門性が問われるのって。

サチ先生　　私は、まだ授業が語れる程の力はないですけれど……。

ヒロシ先生　　それは甘えだよ。サチ先生だって教師なんだから、授業づくりの専門家でなければいけない。さっきも言ったけど、保護者の中には、僕らよりも高い知識や技術をもっている人はいっぱいいる。でも授業作りの技術や、学級経営の経験はない。プロフェッショナルとして、ここは譲ってはいけない。

サチ先生　　私が保護者に認められるためには、良い授業を作ることしかないのですね。そう言われてみると、私が受けている初任者研修のプログラムは、そこを学ぶところにありました。

ヒロシ先生　　でも、授業を作るって、本当は一番難しい。研究授業で自分が想像もしていなかった実践を見たとする。早速、自分の授業の中で真似ても、これがなぜか上手くいかない。「なぜなんだろう」。そこに自分への「問い」が生まれる。他の先生の授業を見る。なぜ、こうも子どもたちを惹きつけるのか。感動から生まれる「問い」もある。それを教師同士で、それぞれの得意とする分野からも議論する。そうして新しい実践のヒントが生まれてくる。1人では、こういう学びがなかなか得られない。だから授業研究が一番の近道なんだよ。

教育への想いは、ある？

保護者懇談会の第一声……

　授業ができなければ、私はいつまで経っても一人前の教師にはなれない。授業研究を、今、私は教育センターで開催される初任者研修で学んでいる。そこでは毎回、毎回、授業の一つひとつに意味があることを痛感させられる。これまでも教育実習で、授業づくりの真似事のようなことをしてきた。でも、それは本当に真似事であって、1から授業を作っていたわけではなかった。指導教員がいなければ何もできなかったのだ。それが、現場に出た途端に、自分で作らなければならない。教師用指導書に頼らなければ何1つ始められない今の自分たちに、繰り返し言われることは「教師用指導書をそのまま教えているのは、教科書を教えているのであって、教科書で教えていることにはならない」。そうなのだ。今の私の授業は、毎回、教師用指導書をそのまま教えているだけだ。

　でも、どうしたらよいのだろう。ヒロシ先生はいつも話を聞いて、色々とアドバイスをしてくれる。だから、ついつい話しかけてしまうが、本当は忙しいはずだ。私の話に付き合ってくれているから、いつも帰りは私よりも遅い。私と話をしていなければ、きっと、もっと早く帰れるはずなんだ。そう考えると、話しかけることもためらうけれど、今はどうしても助言が欲しい。

　今週末には、初めての保護者懇談会だ。私の評判は、かなり落ちていると思っておいた方がよいだろう。噂だけでなく、クレームも出ている。きっとアソカワ教授が以前言っていたように、SNSのあちこちに広まっているはずだ。それを打ち消すことはできないだろう。

　ナガオカ先生のような人でも、信頼をとり戻すまでに何年もかかった。まだ何1つ信頼に値することはやっていない私など、今はどうすることもできない。正直、落ち込んでいる。

ヒロシ先生　　そういえば、週末の保護者懇談会だけど、サチ先生は大丈夫？この前、話していた保護者とも、保護者懇談会の後話をするんでしょ。

サチ先生　　そうなんです。もう気分がダダ下がりです。保護者から、何を言われるのか……。ヒロシ先生、私どんな準備したらいいですか。なんかいいマニュアルとかってないですか。これ以上、私、失敗するわけにはいかないんです。

ヒロシ先生　　そんなことだと、いきなり何言い出すかわからないね。第一声がとても大事なんだよ。それに、マニュアル通りにやればうまくいくものでもないよ。授業もそうだけど、何かに頼りたいという気持ちはわかるけれど、「なぜ、それをするのか」という本質をしっかりと捉えた上での伝え方というものがあるんだよ。

サチ先生　　余裕がないと、どうしてもマニュアルなんかに頼ってしまうのはいけないと思うのですが、何をどう始めてよいかすらわかっていないのです。せめて、そこだけでも教えてほしいです。

ヒロシ先生　　そうだな。「私は、まだ新人で、右も左もわからないひよっこなので、皆さんのお子さんを預かるには、時期尚早だという自覚はあります。すみませんが長い目で見てやってください」とでも言ったらどうかな。

サチ先生　　そう、始めればいいんですね。今の私を嘘偽りなく伝えれば、わかってくれるってことですね !!

ヒロシ先生　　いや、冗談で言ったんだけど……。本気でそれを言えばよいと思ったってことは、もしかしたらわかっていないってことかな。

サチ先生　　ひどいですよ、そんなの。私をからかっているんですか。私は真面目に悩んでいるのに。

理想の教室を作る……

からかったつもりはないよ。でも、もし、さっき僕の言ったことを、初めて会う保護者にそのまま言ったら、きっと信頼は得られないだろうね。教師は、その職についた瞬間から、教育のプロとして保護者は見ているから。

ナガオカ先生からも、言われていたよね。教師はプロだって。サチ先生、その辺りの意識が少し薄いように感じる。もちろんキャリアは、それぞれに違う。ベテランもいれば、新人もいる。パフォーマンスについても、実績がある人から、まだ未知数の人まで様々いる。そこはプロといえども色々ある。でも一定の水準にあるから、この職についているはずなんだ。だから、教師になった以上は、時期尚早なんてことは言ってはいけない。力が足りない、ひよっこだということも言ってはいけない。それを言われて、安心して子どもを預けたりする保護者なんていないからね。

サチ先生は「経験のない自分が、皆さんの大事な子どもたちの担任をもってしまってすみません」っていう気持ちでいるみたいだけど、それが言葉にも態度にも出ている。そして、その気持ちを言語化すれば、さっき僕が言ったような言葉になるんだよ。

それを聞いた保護者は、きっと心配になってくる。これまでの噂は、本当だったのかって。それまで漠然としていた不安が、ここで確信に変わってしまう。「やっぱり、この先生は指導力がないのだ」と。そうなったら、もう取り返しはつかないよ。

そうならないようにするには、どうすればよいか。これは精神論なんかじゃないからよく聞いてほしい。サチ先生が明日、保護者の前の第一声は、どんなことがあっても、自分のキャリア不足を卑下することは言わないこと。それよりも、サチ先生がプロとして、何をやっていきたいのか、どんな学級を作っていきたいのか、その夢を語った方がいい。それも饒舌に語る必要はないよ。こんな時代に教師になったんだ。それなりの熱い想いはあるはずでしょ。そこをちゃんと伝えないと。

まずやらなければならないことは、堂々と自己紹介をすることだよ。自分の想いを知ってもらうことなんだ。

サチ先生　　堂々とですか。なんか、自分の性格からして、人前で堂々と振る舞うことができるか、自信がないです。

ヒロシ先生　　夢を語るのだから、コソコソしなくていいんじゃない。どんな想いで教師になったのか。どんなことを、これからこの学級でやっていきたいのか。１年後に子どもたちと一緒に、自分自身がどのように人間的に成長していたいと思っているのか、そんなことを話しすればいいと思う。そういうこと、考えたことある？

サチ先生　　恥ずかしいですけれど、あります。私、理想の教室があるんです。「先生になりたい」って思うきっかけになった私が小学５年生の時にいたクラスです。そこでは、一人ひとりが、みんなキラキラできたんです。勉強ができない友達でも、みんなのまとめ役が得意でリーダーになれたり、とても大人しいけれど絵がうまかったり、体育では活躍できないけれど、刺繍がすごくうまかったり。勉強ができる子は、みんなに勉強教えてくれたり。

ヒロシ先生　　へぇ、いい話だね。それで教師を目指したわけか。

サチ先生　　いえ、違うんです。次の年、担任の先生が変わりました。そうしたら、叱られてばかりいる子が増えてきて、教室の中が段々と息苦しくなってきました。いじめる子、いじめられる子なんかも出てきて。私、こんな教室に居たくないと思うようになりました。なんで、去年はみんな、あんなにキラキラしていたんだろうって、そう考えるようになって……。

ヒロシ先生　　それで教師を目指した。やっぱりいい話だよ。息の詰まる教室にはしたくない。みんながキラキラした教室を作りたい。そういう話をすればいい。ウサギの絵にも、そんな想いを込めていたことが伝わるといいね。どんなことにも、ちゃんと意味をもって取り組んでいれば、自分を偽る必要はない。保護者にも、そんな教室を一緒に作ることを手伝ってほしいとお願いすればいい。その上で、自分に足りないところは教えてほしいと伝えればいい。

「同僚性」を失うことは？

保護者と教師の間に

保護者懇談会は、あっけないものだった。

一斉に、様々な苦情が噴出し、事態の収拾つかなくなる修羅場を想像していたけれど、そんなことはなかった。粛々と進んでいった。

私は、当初の打ち合わせ通り、自分がこれからの1年間、どんな学級を創っていきたいか、その理由はなぜなのかを語った。新任の今だからこそ話せる不安も正直に語ったが、それ以上に子どもたちと共に育ち合える私の理想の教室を実現したいと熱く語った。そして、その夢の実現のために保護者の力を貸してほしいと締めくくった。

当初の噂が、その後どうなったのかはわからない。まだ、その辺でフワフワと漂っているのかもしれない。でも、どう見られようが構わない。私の気持ちには偽りはない。夢の教室を作る覚悟も、ここにきてようやく固まった。まず私自身が教師として何をしたいと考えているのか、それを伝えることが保護者の協力を得るために、必要なことだったんだと今ようやくわかった。

一体、この1か月の間の私は何をしていたのだろう。私は、保護者の存在を完全に見誤っていた。メディアなどで植え付けられてきた保護者のイメージは、学校と対立した関係にあって、日常的にクレームを言ってくる、そんな存在になっていた。でも、それは大きな間違いだった。

それから、保護者懇談会の後、以前ナガオカ先生が担任をもっていた子どもの保護者と個別に話をした。連絡帳のイメージとは全く違う、物腰の柔らかい方だった。そして私を驚かせたのは、ナガオカ先生が、この保護者に、私のことを「決して指導力のない先生ではないから、安心してください」と声をかけてくれていたということだ。私は、それを知らなかった。

ヒロシ先生　ナガオカ先生も、いいところあるね。これって、サチ先生の言っていたように、幼なじみにもち上げてもらったことになるね。

サチ先生　そうなんです。保護者の方も、連絡帳に厳しいことを書いてしまった、言いすぎてしまったって気にして、それで前の担任のナガオカ先生のところに行ったそうです。そしたらナガオカ先生、私のことを子どもたちのために、教師としてできることは何なのか、真剣に考えているって話してくれたそうです。

ヒロシ先生　となると、ナガオカ先生はサチ先生の熱意や指導力を認めてくれたってわけかな？　まだ、サチ先生の授業だってみたことないから指導力については未知数だと思うけど……？

サチ先生　そうですね。そこは、これから私がいっぱい学んで貯金を創って、ナガオカ先生や子どもたちに返していけばいいところです。やっと、私がなんのために教師になったのか、わかってきました。教師になることがゴールではなく、私が目指している学級をみんなで創っていくために教師になったんです。そのために「今、できることをやる」と思えるようになりました。

ヒロシ先生　ここのところ、保護者の心配ばかりしていたのに、随分な変わりようだね。少し吹っ切れた感じに見えるけれど？

サチ先生　吹っ切れたというより、再確認した感じがします。忘れそうになってたって感じです。

ヒロシ先生　そうだね。保護者の教師に対する役割期待っていうのは、やはり子どものことを真剣に考えているところにあると思うよ。

サチ先生　それにしても、どうして最近のメディアは保護者と学校の間で様々なトラブルが起こっていると伝えるのでしょうか。

「同僚性」の中で育つ……

　そうだね。1つは、教師に対するイメージの問題があるかな。保護者だって、昔は子どもだったよね。サチ先生が、理想とする教室を見たのも、子どものころでしょ。でも、多くの保護者たちは、20年くらい前の教師たちが置かれていた状況のイメージをもっている。そのころの学校は、この前も話したけれど教師の指導力が問題になっていた。どうして指導力が問題となっていったのか。1つは、教師の数だよ。団塊の世代の大量退職に伴って、ベテランが段々といなくなっていく。経験豊かな人材がいなくなれば、その分、自分たちでなんとかしていかなければならなくなる。若手は皆、見よう見まねで先輩たちがやってきた教育を引き継ごうとした。だけれども、「なぜそれをするのか」という本質を掘り下げることまではできなかった。マニュアルや、手引書などを手がかりに授業をやっても、うまくいかない。しかも、その失敗をフォローしてくれるベテラン教師は少なくなっている。立て直せなくなってしまった。だから、学級崩壊のようなことがあちこちで起きていた。

　そこで教師の指導力が問題視されるようになった。で、ここでもやっぱり少しずれていたと思うのだけれど、指導力がないのは「資質がない」「勉強が足りない」からだということになった。だから研修が増えた。次から次へと起こる問題を解決するための時間も取られていった。資質を問う目はより厳しくなって、管理する目も厳しくなる。そして教師たちの間でも、「仕事をする教師」「仕事をしない教師」に分断されていったんだ。こうやって、教師が学び合う空気は薄れていった。教師に余裕がなくなってしまった。「同僚性」がどんどん失われていった。互いに助け合う力がなくなってしまい、病気による休職者の数も増えていった。こうなってくると、子どもたちと一緒に学び合い、育ちあうなどと言っていられなくなるよね。

　今の保護者たちは、学校がどんどんと機能不全に陥り始めた時代に、児童生徒として学校生活を送ってきた子どもたちでもある。だから、彼らの目に映る学校は、どこか頼りなく、期待もできないんだと思う。

　でも、この学校は、こうしてみんなでサチ先生を支えるっていうところで、少しずつ変わっていけるといいなと、個人的には思っているよ。

サチ先生　　ヒロシ先生、「同僚性」っていうのはなんですか。なんとなく、わかるけど、でもはっきりとしないというか……。

ヒロシ先生　　いい質問だけど、僕もはっきりと答えられないな。というより、この辺りの定義は定まっていないから。同僚という言葉の意味は理解できるよね。でも、「同僚性」には単に仕事仲間という意味以上のものがある。協働して授業研究をしたり、子どもたちへの日常の教育の中で様々な情報交換をしたりする。それに伴うコミュニケーションなんかも入ってくる。僕とサチ先生の間では、この「同僚性」が今、あるよね。ナガオカ先生も、少しそんな感じが実感できるかな。でも、サチ先生、他の先生方とはどう？

サチ先生　　先生方、皆さんよくしてくれます。ただ、いつもとても忙しそうなんで、どうしても声がかけにくい……。

ヒロシ先生　　この前もそれを言っていたよね。そこなんだ。皆、実際に忙しい。だから声をかけにくい。でも「なぜ、忙しくなっているのか」というところも考えないといけない。もっと協働しながら工夫をして作業を減らすことや、情報交換の中で失敗の回避をすること、そして授業の質の向上をはかる。そうしたことに時間を割ける体制を作ることが、本当は必要なんだよ。

サチ先生　　やっぱり今は、それができないですよね……。教師がバラバラのままでいれば、学校の機能不全は改善されないですよね。そうなれば、保護者の方たちの不安はいつまで経っても解消しない。悪循環が続くように思います。私、ずっと聞きたかったことがあるんです。ヒロシ先生だって忙しいはずなのに、私に「同僚性」を発揮してくれていますよね。大丈夫なんですか？

ヒロシ先生　　そうだね……。正直、大変なんだと思うよ。でもね、もう一方でサチ先生が教師らしくなっていく様子を見ていられるのも、今のうちだけでしょ。大変だと思う以上に、そういう様子を見ていることが楽しいからかな。根っからの教師なんだよ。人が育っていくところを見ることが嬉しいんだ。

第 3 章

保護者と進める
特別支援教育

特別支援教育って？

我が子を助ける……

あっという間に半年が過ぎた。その後の私は、小さな失敗を繰り返しながらも、保護者や同僚に支えられてなんとかやっている。時々、保護者からの電話もあるが、どれも皆「自分の子どものことを心配しているからこそ」と思えるものばかりだ。保護者は自分の子どものことばかり考えている。

ヒロシ先生から、こんなことを質問されたことがある。

海で2人の子どもが溺れていた。1人は我が子で、もう1人は他人の子だ。助けられる時間は、1人を助けるので精いっぱいの時間しかない。この親は、我が子を助けた。これを責めることができるか。

これは、マイケル・サンデル先生という大学の先生の話らしい。

私は、この質問に「それは親として当然ではないか」と答えた。少なくとも、私は責められない。でも、これが教師の私だったらどうだろう。溺れている2人の子どもたちが私のクラスの子どもだったら……。そんなことも考えてみた。私は、どちらの子どもも助けたい。でも、どうしても1人の命しか助ける時間がなかったらどうするだろう。

何もしないで2人を失うことはできない。だから、必ずどちらかを助け出そうとするはずだ。

でも、どちらの子を助けるかなんて選べない。どちらかを犠牲にすることなんてできない。目をつぶって、誰ともわからない方の子を引き上げるか。

だめだ。私の答えは、なんとしても2人を助けてみせる。そのためにできることがないか考える。たとえ時間がないとしても、私はそれをする。

ヒロシ先生　　サチ先生、問題文を変えちゃだめだよ。でも、確かに、どの先生に聞いてみても、皆、同じことを答える。みんな、問題文を無視して、いつの間にか、どうやったら2人を助け出せるかという話をし始める。

サチ先生　　当たり前です。子どもたちを選ぶなんて、私たち教師にはできないです。でも……

ヒロシ先生　　でも、何？　もしかして「自分が担任をする子どもと、隣のクラスの子どもだったらどうなのだろう」なんて考えてない？

サチ先生　　どうして、わかったんですか。こんなことは考えてはいけないことだと思ったから、口に出せなくて。

ヒロシ先生　　僕も、同じことを考えたことがある。おそらく、僕は悩むと思う。自分のクラスの子どもたちには抱かなかったことなのに……。でも、僕は教師だ。隣のクラスの子どもたちであっても、自分のクラスの子どもたちと同じだと、心底考えていたい。

サチ先生　　ヒロシ先生の迷いも、ちょっと感じますが……。

ヒロシ先生　　そうだけど、僕らは子どもたちを比べたり、分けたりしてはいけないと思う。確かに、自分の教室にいる子どもたちには、情もうつる。子どもたちの顔もすぐに思い浮かぶ。やはり、他の学級、他の学年となるとそうした感情は薄れている。だからといって、命に重い、軽いはないと思う。

サチ先生　　そうですよね……。命については、私も同じ考えです。少し話が変わってしまうかもしれませんが、学校では、色々なところで、子どもたちを比べます。時に分けています。具体的には特別支援学級の子どもたちや、特別支援学校の子どもたちのことです。子どもを比べない、分けないといっているのに、このことにはあまり疑問をもっていないように思う……。

「準ずる教育」って

　そこは、僕も感じている。特別支援学校や特別支援学級は、通常の教室と分離して設置されている。だから、子どもたちは通常の教室に通う子どもたちと学級や学校が分けられている。

　ここで 1 つ、おさえておかなければならないことがある。それは、障害のある子どもも、障害のない子どもも、等しく「人権」をもっているということ。この括り方も変だね。「人権」に障害のある、なしは関係ないからね。

　子どもたちは、皆、等しく「人権」をもっている。もちろん、学ぶ権利も等しい。それなのに学級や学校が分けられているのはなぜか。

　日本は、1979 年に養護学校（今の特別支援学校）義務化になって以来、障害のある子どもたちの教育は義務となった。それまでは、障害のある子どもたちの中には「就学猶予」「就学免除」という措置が取られることもあって、教育自体受けられない人たちがいた。養護学校が義務化されることで、教育が受けられるようになった。

　でも「分けられる」ことへの議論は、この後も続いていったんだ。これには、もう少し説明が必要だね。

　特別支援学校、特別支援学級ともに「幼稚園、小学校、中学校又は高等学校に準ずる教育を施す」ものと規定している。この「準ずる」の解釈は、「同じ」という意味で使われている。でも、よく考えると変だ。「準優勝」は「優勝」と「同じ」意味では使われていない。「準優勝」は、2 番目の意味だ。

　そもそもが「準ずる」が「同じ」であるならば、初めから「同じ」にすればいい。どこかに、「同じ」だけれども「違う」というニュアンスが込められている。これは否定できないね。ちょっと整理してみよう。

　まず、「同じ」ところについて。それは、各教科、外国語活動、総合的な学習の時間、特別活動が教育課程に編成されているところになる。

　じゃあ、「違う」のはどこか。これは、「特別の教育課程」が編成されるところにある。例えば「自立活動」。特別に設けられた指導領域になるけれども、目的は子どもたちがもっている力を最大限発揮して、より良く生きるためにある。こうした教育課程が編成できるのが特別支援教育ということになる。

サチ先生　　これ、大学で教わりました。そう考えると、「特別の教育課程」の編成の必要の有無が、「違い」の部分であり、「準ずる」のゆえんになるのか。

ヒロシ先生　　そうとも考えられるね。だから、僕たち教師は、その子どもがもつ最大限の可能性を伸ばすために、「特別の教育課程」を編成する必要があるかどうかを考える。

サチ先生　　そう説明すると、「準ずる」もわかります。でも、保護者の方って、そのようには考えないのではないかと思います。障害があることを理由に、特別支援学校や特別支援学級を勧められているように理解されていませんか？　そのあたりの説明、あまり伝わっていないように思います。

ヒロシ先生　　「特別の教育課程」の編成は、特別支援学校や特別支援学級だけに限ったものではなく、通級指導教室でも必要になる。でも、こうしたことの理解は決して十分ではないと思う。保護者に特別支援教育についての理解が得られにくい理由も、十分な説明がされていないところにもあると思うんだ。そして同じくらい教師にも理解されていない。

サチ先生　　「障害があるから」ではなく、「その子の学びに応じて」ということは保護者も教師も理解しておくことが必要ですね。でも、子ども一人ひとりの実態に合わせて授業を行うとなると、今度は一斉授業の中で対応が難しい場面も多く出てきますよね。そうなると、どうしても、「特別支援学級へ」とか「特別支援学校へ」という話になってしまいませんか。

ヒロシ先生　　うん……。とても言いにくいことだけど、今の日本の教育は、なんだかんだいっても、揃って進めていかなければならない。サチ先生もわかると思うけれど、単元の進め方もきっちり決まっている。逆に揃っていなければ、問題になってくる。進度が遅れれば、今度は他の保護者たちから声が上がってくる。なぜなら親は、自分の子どものことをまず考えるから。この想いは、障害のある子どもの保護者も、障害のない子どもの保護者も同じだ。

気になる子？

専門家に相談してみませんか……

「特別の教育課程」については、大学の時に学んでいた。というより、学んだつもりになっていた。なので、いざ、その編成が必要となった際に、どのような手続きで話が進められるのか、よくわかっていなかった。

実は、この前、ヒロシ先生にそれとなく話を振ったのにも理由があった。私の学級に、少し気になる子がいるからだ……。一度、特別支援教育コーディネーターの先生に相談してみようかとも考えていたが、自分の中でも確証がもてずにいる。果たして、この子は特別支援教育を必要としている子どもなのだろうか。そんなことを、最近考えていたからだ。

1人は、日頃から落ち着きもなく、ガサガサしている男の子だ。授業中などは、椅子を前後にカッコンカッコンやっている。危険だ。なので、私も頻繁に注意をする。それを止めさせると、今度は周囲の子どもとの私語が多くなる。結局、そこでも私に叱られる。ケアレスミスも多く見られることも気になるポイントだ。けれども、周りの子どもたちとは仲良くやっている。ユニークな発想力をもっているから、みんなを驚かせる。私が大好きなこの子の魅力だ。

もう1人は、とても大人しい女の子だ。私は、この児童が話をしているところを見たことがない。授業中も、発言することはないし、教科書を読ませる時も黙って固まってしまう。特定の友達とは遊んでいるようだし、単元ごとに実施しているテストでの成績は常に良い。特に気にするほどのこともないのかもしれない。でも、もし支援がないことでこの子たちが困っていたらどうしよう。

教室の中には、発達障害の可能性のある児童生徒が、数人はいるといわれている。最近、そうした児童生徒の数が増えていると聞く。私の教室の中にもいるのだろうか……。

ヒロシ先生　本当によく聞く話だよね。特別支援教育を必要としている子どもの数がどんどん増えているって。

サチ先生　私も、最近、その話を聞きました。出生数の減少で、子どもの数は減っている。なのに、特別支援教育を必要としている児童生徒の数がこの10年の間で約2倍になっているそうです。

ヒロシ先生　支援が必要な状態であることに気づかないことは、問題だと思うけど……。今、サチ先生の教室に、具体的に支援を必要としている子どもはいたかな？

サチ先生　そこなんです。気になる子どもはいます。でも、支援が必要な状態なのかと問われると、そこがよくわからない。何かと注意を向ける頻度が最近多くなっていることに気がつきました。けれども発達障害といってよいものかと……。なんとも確証が得られなくて校内委員会にもあげていませんでした。

ヒロシ先生　気になるところだよね。もし、自分が気づいてあげられないことで、その子が苦しんでいたり、辛い思いをしたりしているのだとしたら、なんとかしてあげたいよね。

サチ先生　ヒロシ先生の言う通りです。そこが自分の中でも整理ができていなくて。もし私がその子に合った指導や支援が行えていないのであれば、そこは専門家に診てもらったほうがよいのかなって思ったりします。

ヒロシ先生　で、仮に支援が必要だったとして、今のサチ先生は保護者にはどう説明するの？

サチ先生　まだ、支援が必要と決まったわけじゃないので、「一度、専門家に相談してみませんか」ってお伝えすることになると思います。自分でも、はっきりしたことが言えないので……。

関係を壊すことも……

　そこが難しいところなんだけど、今のサチ先生の話だと、保護者への話はストップしたほうがいいかもしれない。

　サチ先生が、支援の必要性があるかどうかわかっていないところがその理由だよ。支援の必要な児童生徒のことが話題にならない学校はないと思う。特に、この先、年度末にかけてうちの学校でもどんどん話題にあがるはずだよ。

　でも、そのプロセスには2つのパターンがある。知っておいたほうがいい。

　1つは、子どもの学びの実態を把握していくことで、現在の教育上の手立てだけでは不十分であることが明らかになっていく場合。学力も下学年の内容が理解できていない。このままでは、通常の学級の内容についていけなくなることが予想される。こういう場合は学校としても、その児童生徒に支援の必要性があることがはっきりと認識できる。つまり、その先の具体的な支援までも、ちゃんと説明できると思う。

　そして、もう1つ。そもそも、どういう支援の必要があるのかがわからない場合。ちょうどサチ先生の話に出てきたような子どもだ。「ちょっと、気になる」というところから始まる。そのうち、何か障害の可能性があるのだろうかと不安になる。もしそうならば、その障害に合った支援を提供しなければ。そう考え始めていく。でも、今の自分たちにはそこがよくわからない。診断も出ていない。であれば、それがわかる人たちに見てもらったほうがよいかもしれない。そして、保護者に相談をもちかける。自分たちもどのような支援が必要なのか、よくわからないので「専門家に見てもらいませんか」と。

　そんな相談のもちかけ方だと、保護者はどう反応するか。憤慨して、こんなことを言うかもしれない。

　「先生は、うちの子どもを見ているんじゃなくて、発達障害の本を見ながら話しているんじゃないんですか。ちゃんと子どものことを見てくださいよ」

　そう言われても仕方ない。本当は、どの子もみんな支援が必要なんだ。ところが「教室の中に、発達障害の可能性のある子が数人いるよ」と言われると、いつの間にか「その子は、誰なのだろう」って、どこかで探し始めている。気づかずに教室の中の「障害」を探している……。

サチ先生　　　知識として、色々な情報をもっている方がよいと思います。でも、その知識によって、子どもたちを見る目が偏ってしまうこともあると思うと怖いなって……。

ヒロシ先生　　　他にも、学校での様子を「あれもできない、これもできない」と、保護者にまくし立て、最後に「ご家庭でも気になっていませんか」と。結局その保護者とは、その後、連絡がつかなくなった。この前も少し話したかな？　学校からの電話に出なくなってしまったんだ。

サチ先生　　　初めて聞きました。でも一方的に、そんなこと言われたら、そりゃ保護者も怒りますよ！　自分の子どものダメ出しを続けざまに言われたら！

ヒロシ先生　　　でも、保護者が一番カチンときたのは、「ご家庭でも気になっていませんか」の方だったらしい。「困っているのは、あなた方であって、私は困っていない。家でも困っていない！」って。そう言って電話を切られた。

サチ先生　　　子どもの実態の把握と、そこからどのような支援が必要か、そうしたことが具体的にイメージできていない中で保護者と話をしちゃったんですね。私も同じこと、しでかすところでした。でも、その先生の気持ちもわかるな。漠然とした不安がある。保護者にも同意してほしかったのかな……。

ヒロシ先生　　　そうだね。確かに自分の不安を、そのまま保護者に押し付けていたかもしれない。今は、それをしてしまったことを後悔している……。

サチ先生　　　……で、誰の話なんですか？　なんかヒロシ先生の話をしているように聞こえました。

ヒロシ先生　　　そうだよ。僕の話だ。大失敗をした。この保護者と学校との関係を僕が壊した。僕が1年生の担任をしていたころの話だよ。結局、今、小学校5年生になっている。僕のクラスにいる。保護者との関係は壊れたままだ。

保護者に伝える？

ヒーローはいらない……

　頼れる先輩のヒロシ先生が大失敗していた。これは、私にとってはショッキングな話だったけれども、ヒロシ先生が止めてくれなかったら、私も同じ失敗をしていたはずだ。

　そして、もう１つショッキングな出来事があった。私の教室にいるあの大人しい女の子の話だ。彼女のことは、ナガオカ先生も気になっていたという。引っ込み思案な性格の児童であることを、ナガオカ先生は１年生の担任から引き継いでいたらしい。実際に、担任をもっている間も、ナガオカ先生は彼女と、話をしたことがなかったという。直接話しかけると黙り込んでしまうので、周囲の仲の良い友達が仲介を買って出たそうだ。つまり通訳してもらっていた。

　この状態は今も同じだ。何も変わっていない。ナガオカ先生も、ずっとこの子のことが気になっていたそうだ。私が気になっていることを伝えたところ、知人の専門家に話を聞いてくれた。

　「選択性緘黙症」ではないか……。私は、詳しく知らない。

　ナガオカ先生が言うには、特定の場面だと、話をしたくても話せなくなってしまうというのだ。私は、この子はただ「恥ずかしくて、話したがらない」のだと思い込んでいた。人見知りが強く、引っ込み思案だと……。でも実際には「話そうとしても、話せなくなってしまう」。だから苦しんでいると。

　ナガオカ先生のアドバイスもあって、私は、この子のことを特別支援教育コーディネーターの先生に話した。すると、これまでに、この児童に関わった教師は、皆、一様に気になっていたと言いだした……。

　なぜだろう。皆、それぞれに気になっていたというのになかなか声を上げなかった。「ちょっと、気になる……」。そんな状態が、ずっと続いていた。

ヒロシ先生　　教室の中は、閉ざされている。外からは見えにくい。小学校は、学級担任がそのほとんどを担う。子どもを観察する目が本当に限られている。逆に、中学校だと教科担任制になる。複数の目が入る。だけれども、子どもたちは、教科によって様々な様相を示す。だから実態がまちまちになる。一長一短だね。どちらにも共通していることは、日頃からできるだけ多くの情報を教師間で共有しておかないと、誰も実像には迫れないということかな。

サチ先生　　チームで情報の共有をしていないと、子どもの実像が見えてこないのですね。「学級王国」っていう言葉を聞いたことがあります。でも、教師が王様のままではいけないのですよね……。

ヒロシ先生　　そうなんだ。僕の大失敗の原因は、そこなんだ。知識もなかった。当たり前のことだけど、教師が何もかも知っているわけではない。僕なりに、アンテナは張ってはいたけれども、限界はある。知らないことも山ほどある。だから、どんなことでも自分だけで解決しようとしてはいけない。声に出してみる。同僚に相談してみる。知識や情報を共有していく。これがないと、どんなに優れた教師であっても、必ず大失敗する。

サチ先生　　こんなこと言って、失礼かもしれないのですが、この前のヒロシ先生の話、ショックでした。ヒロシ先生は失敗しない、タフなヒーローのような存在でいてほしかったっていうか……。

ヒロシ先生　　それは嬉しいけど、学校にヒーローはいらない。そういう人は、どの道、うまくやってはいけない。僕だって、失敗はする。それをカバーし合う組織でないと、教師自身も、そして学校も成長していくことはできない。

サチ先生　　情報を共有して、チーム一丸となっていないとだめなのか……。あれ、そう言えばどっかで聞いたことあるような。チームの連携がないと、どこかで誰かが足を引っ張る……。どこで聞いたんだっけ。この前のヒロシ先生の話も、連携しておらず保護者との関係を壊してしまった ??

どう伝える……

　足を引っ張るかどうかはわからないけれど、情報の共有は大事なことなんだ。さっきの話もそうでしょ。だってサチ先生は１年生と２年生の２年間のその児童の様子を知らない。それを知っている人たちと情報を共有していなかったら、もしかしたらサチ先生も、今でもこの子の実像には迫れなかったはずなんだ。きっと、来年、再来年になっても「気になる」状態のまま、ただ時間だけが過ぎていったかもしれないね。

　それに、僕らもスーパーヒーローのような特殊な能力をもっているわけではない。一人ひとりの教師は、本当はみんな自信がない。そうなると、つい知識が豊富な先生や、声の大きい人に頼ってしまう。そうやって特定のヒーローに後ろからついていくうちに、僕らは自分たちで問題を解決していくことをやめてしまう。知識の蓄えがどんどんと減っていってしまう。いつの間にか自分たちが力を失っていることにも気がつかない。残念なことに、スーパーヒーローは、いつまでも活躍し続けてはくれない。いずれ異動してしまう。その時には、もう僕らは自分たちの力では何も解決できなくなっている。学校が抱えている複雑な問題を、何１つ解決できなくなっている。そして問題が次から次へと起こっていく。当然、保護者の信頼も失う。悪循環が続くことになる。

　今回は、サチ先生とナガオカ先生が力を合わせたからこそ、その子の支援を考えるきっかけにつながった。まだ、僕たちはなんとかできる力をもっていたっていうことだね。

　でも、これからどうしていくか。そこも考えなければならないね。「選択性緘黙症」のことは、うちの奥さんにも聞いたことがある。発達支援をしている施設で相談業務についているんだ。そういう子どもたちの相談もあるらしい。「選択性緘黙症」の子どもたちは、家庭では普通に日常を過ごしている。もちろん、家族とは普通に会話をしているし、保護者も気にしていないこともあるらしい。おそらく、これまでにも、「大人しい」や「人見知り強いね」などと言われてきたことはあったのかもしれない。でも、「選択性緘黙症」だということは夢にも思ってもいないかもしれないね。となれば、まずは保護者と学校が、問題の共有をすることから始めないと……。

サチ先生　　学校で「気づき」があっても、保護者は知らないというわけですね。家では普通に過ごしているとなると、学校の様子をどうやって伝えたらいいんだろう。問題意識がそもそも異なっている。そこからスタートする方法……どうしたらいいんだろう。

ヒロシ先生　　僕の経験だと、そういう時に「学校では……」といきなり、こちらの伝えたいこと、特に教師の目を出発点にして始めてしまうと、保護者が殻に引っ込んでしまうことが多いと感じている。まずは、家庭の様子をじっくり聞いて、保護者から見る子どもの姿を尊重していく方がいい。

サチ先生　　相手の目、価値観とかを尊重するということですね。あれ、これもどっかで聞いたことあるな。ヒロシ先生が話してくれたことですかね。

ヒロシ先生　　具体的に支援の必要な子どもについて、保護者とどのように協働していくかということは、サチ先生とは初めて話をするんじゃなかったかな。

サチ先生　　ですよね。デジャブですね。で、もしかしたら話はこう続きません？　保護者の話をしっかり聞いていくうちに、今度は保護者の方から「学校ではどうなのでしょう」と聞いてくる……とか言い出しません。

ヒロシ先生　　そうだよ。よくわかったね。僕は、学校の様子を伝えるタイミングはそこだって思っている。話をじっくり聞いてくれる相手に対して、人は心開く。聞かない人には初めから心は開かない。こちらの話からまず始めれば、保護者は「学校の言うことをまずは聞け」と押し付けられているように感じると思うんだけど……。多分、サチ先生だって、そういう人とお付き合いしたいって思わないでしょ。

サチ先生　　あれ、この感じ、もしかしたら「あざとい戦略」ですか？

ヒロシ先生　　何、それ？

伝える「手順」？

問題意識が共有されていないと……

「選択性緘黙症」の児童については、特別支援教育の校内委員会でも、支援の必要性が共有された。ただヒロシ先生も指摘してくれていたのだが、家庭の様子と学校での様子が異なっている可能性がある。だから、保護者に、学校での様子を伝えたところで、すぐには理解してもらえないだろうと。

校内委員会の中でも出ていたが、校内では気になる姿があっても、保護者がそのことを気にしていない場合、なかなか話が進めにくいそうだ。それを機に、学校と保護者の関係が気まずくなることも少なくないという。

正直、私には自信がなかった。私自身が「選択性緘黙症」のことをよくわかっていなかったからだ。どんな支援が必要なのかということも、ちゃんと整理しきれていない。それができていない段階で「専門家に見てもらいませんか」といきなり、投げかけてしまえば、これはもうヒロシ先生の失敗談と同じ結果になってしまうだろう。

そんな不安を、ナガオカ先生が解消してくれた。ナガオカ先生は、様々な文献を準備してくれた。それを一緒に読みながら、教育上の配慮について整理した。

「選択性緘黙症」の場合、無理に話をさせようとすれば、その分、本人にとっても強いプレッシャーになるということ。また、本人が安心できる環境では、話ができることもあるらしい。学校にそうした環境があるかはともかくとして、私たちができることは結構あるのだ。

やはり、正しい知識をもつこと、学び続けていることは大事なことだ。

ただナガオカ先生が準備してくれた文献には、保護者と学校の間でどのように支援について話を進めていけばよいか、具体的には書かれていなかった。

サチ先生　ということで、私たちだけではどうにもならなくて……。ぜひ、アソカワ教授のお力をお借りしたく……。

アソカワ教授　あなたもそれなりに教師らしくなりましたね。

サチ先生　「選択性緘黙症」のある児童への校内支援については、おおよそ整理はできました。ただ、保護者の方にどのように話を切り出せばよいのかがわからないのです。

アソカワ教授　そうですか。確かに難しいところではありますね。察するに家庭の様子を聞いたところで、特に気になってはいないという話になる可能性が高いのでしょう。「保護者が気にしていない」ことを、いきなり問題視しないことですね。あなたと、保護者は同じではないのですからね。

サチ先生　そこは、先輩の先生からもよく言われます。でも、問題意識が共有されていなければ何も始められません。こういう場合、どのような手順を踏めばよいのでしょう。

アソカワ教授　えっ、なぜですか？　これは驚きました。保護者と問題意識を共有していないと、学校での支援はできないのですか？　算数の問題が解けない子どもに、解き方を教えるために保護者と協働しなければならないのですか？

サチ先生　私、今、アソカワ教授のところに相談に来てしまったことをとても後悔しています。算数の問題が解けないことと、「選択性緘黙症」で困っていることは同じではありません。「選択性緘黙症」の子どもは、苦しんでいます。だから1日でも早く、その問題を保護者と共有する必要があります。診断や必要な支援、学校外でも受けられるサービスがあれば積極的に活用したい。校内においても、もしかしたら通級指導教室などの活用も検討していった方がいいかもしれません。こうしたことは、全て保護者と一緒に話を進めていくべきことです。そんなことが、アソカワ教授はわからないんですか！

まず、あなたができる実践がある

　おやおや、相変わらずですね。わかっているような、わかっていないような。どのような手順があるかと聞いてきたものですから。

　ここに至るまで、あなたは、その保護者との間で、どのような関係を築いてきたのでしょう。正直、関係が既に築けているのであれば、今回の話を切り出すことも、それほど難しいものではないと思いますよ。

　それが難しい、どう切り出してよいかわからないという。そうであれば、まだ関係は築けていないのだと思います。懇談会で一言、二言、話をしたくらいでは難しいでしょうから。そんな状況の中で、いきなり「選択性緘黙症かもしれない」という話をもち出せば、驚かすだけです。といって、保護者に「何か、気になっていることはありませんか」と問うても、「特にない」で終わってしまうかもしれない。だからあなたは困っているのでしょう。

　そうであれば、まずやるべきことは、今できる支援をしてみることです。その結果も含めて、子どもの実態を評価、すなわちアセスメントすることでしょう。先ほどの算数の問題が解けない子どもと、選択性緘黙症の子どもは同じではないと、あなたは言い切りましたが、それは本当でしょうか？　どうして、算数の問題が解けない子には支援が必要ないとわかったのですか？

　つまり、あなたは一方の子どもは何の根拠もなく大丈夫と言っておきながら、もう1人の子どもは支援を要する子どもだと決めつけている。そこを私は問題にしています。「選択性緘黙症」だと初めから決めつけて、さらに支援が必要だと言い始めた。どんな支援が必要かということも、文献を調べて理解はした。けれども、あなたの目の前にいる子どものことなのに、実践をした上で何が変わり、何が変わらないのか、そんな情報すらない。もちろん、中には実践をするにあたり、保護者に承諾をもらわなければならないこともあるでしょう。ならばそのことを保護者と話したらどうでしょう。子どもが安心して学校生活を送れるように、教師としてまずやるべきことがある。そう保護者に伝えればいいじゃないですか。あなたの仕事をさせてもらえばいい。それをせずに「支援が必要だ」と言い張り、保護者と早く協働したいという。そんな近づき方すれば、普通、逃げますよ。

サチ先生　　確かにそうでした。教授に言われるまで、そんな当たり前のことが跳んでしまっていました……。「選択性緘黙症」っていう言葉を聞いて、私には専門的な対応はできないと思い込んでいました。できないのではなく、何も始めていませんでした。すみません、ひどいことを言ってしまって。

アソカワ教授　そうですね。まずは、自分の仕事をすることです。もし、保護者の承諾が必要であれば、現状を伝えて、それをさせてもらう。そのためのお願いならば、今のあなたにもできるのではないですか？

サチ先生　　「選択性緘黙症」って、お家の中とか本人が安心して生活ができる場所であれば、お話しできることがあるそうです。そこでお話ができたら、少しずつ、学校に近づいていく……。でも私の立場では、そこまでは難しいなと思っていました。どこか専門の機関があれば、そこにつなげた方がよいかもと思っていました。でも私から、まず始めるということですね。他の先生方にも助言をもらいます。

アソカワ教授　そうですね。専門機関の人たちが、常に高度なアプローチができるとも限らないですよ。学校の教師がもっている引き出しも、バカにはできません。

サチ先生　　本当にそう思います。周囲の先生方に相談してみると、自分にはない引き出しがたくさんあり、いつも勉強になります。アソカワ教授の話は勉強になるというよりは、痛いところを突かれるのでブルーになります。

アソカワ教授　ブルーになるなら相談に来ないことです。では、今回の件についての手順として「学校での様子」を伝える。その上で、この先、子どもが辛い思いをしないで済むよう、「この子にあった実践をしたい」と伝える。保護者にも、実践において協力してもらいたいことがあればお願いしてみるというのはいかがでしょう。場合によっては、この先に家庭との連携も想定されるわけですから、話としては筋が通っていますよ。

子どもの「気になる」こと？

保護者と進める実践……

　私は、早速、「選択性緘黙症」が疑われるあの子の状態について、保護者に話をした。ただし「気になる」とか「困っている」という話ではなく、あくまで学校として彼女にできることを提案するためだ。ヒロシ先生やナガオカ先生と一緒に、今の私たちにできる実践を具体的なアイデアにまとめた。

　１つは、本人とビデオレターの交換をしたいとの提案だ。情報端末機器を通じて、今日あったことをビデオに記録して私に送ってもらう。もちろん、私もビデオレターで彼女へ返事をする。ねらいは簡単だ。いずれオンラインを通じて、家庭に居ながら私とコミュニケーションをとるためだ。「選択性緘黙症」の子どもの場合、安心して話ができる家庭の中で、まずは話をするという方法があるらしいのだ。でも私はあいにく、彼女の家庭にそう頻繁に訪問はできない。そこで、ナガオカ先生からのアドバイスで、オンラインを使ってみてはということになった。けれども、いきなりオンラインで始めて変にプレッシャーをかけて、もし話ができなかったら、この実践はそこで終わってしまう。ここはステップを踏んだ方がよいだろうとヒロシ先生がアドバイスをくれた。

　そこで、まずはビデオレターから始めてみるということになったのだ。

　保護者にも、この実践について話をした。もちろん、彼女が「選択性緘黙症」かもしれないなどということは言わない。あくまでも、学校に来ると話ができなくなってしまうようなのだと伝えた。

　そして、まずは本人が安心して話ができるように、ビデオレターでのやりとりをしたいと伝えた。ビデオレターは、初めのうちは保護者にインタビューをしてもらい、それに応えるという形式をとってもらうことになる。これは保護者との連携体制がないとできない実践なのだ。

アソカワ教授　それで、保護者は協力してくれそうなのですか。

サチ先生　はい。むしろ、保護者の方から、具体的にどのようなことをインタビューすればよいか教えてほしいとの話がありました。私からは、マンガやアニメの話など、本人が興味あることを話題にしたいので、そんなことをインタビューしてほしいと伝えました。保護者も、こんなアニメにハマっているなど、いっぱい情報がもらえました。

アソカワ教授　どうして保護者がそれほど積極的になったと思いますか？

サチ先生　私が気をつけたことは、「子どもに問題があるから保護者と協働したい」というスタンスはとらず、あくまで、自分が取り組みたい実践について協力してほしいと切り出しました。もう1つは、学校でできることは学校で。それでも家庭でやってもらわなければならないこともある。そこをお願いするという点、特に気をつけました。

アソカワ教授　なるほど。学校でしかできないことと、家庭でなければできないことを明確にする。その上で、学校と家庭の両方で共有しておかなければならないところは、協力したいということですね。なかなか良い進め方じゃないですか。とても、あなたが考えたものとは思えませんね。

サチ先生　悔しいけれど、私の考えではありません。学校と家庭の役割をはっきりさせておこうという提案をしてくれたのはナガオカ先生です。それぞれの役割があるはずだからと。学校がなんでも引き受けてきてしまって、家庭の役割、地域の役割がどんどんと希薄になってしまったことこそが問題だと……。本来の教育は、学校だけでするものではなく、地域や家庭も一緒になって担っている。そうしたことを、教師もちゃんと考えて、それぞれの強さを活かすべきだと。これはもっともなことだなと思いました。でも、役割をはっきりさせたから、保護者が協力的になったのかなぁ……。それだけではないと思うんですけれど。

保護者も気になっている……

　そうですね。保護者があなたたちに協力的だったことについては、保護者自身も子どものことで気になることがあったと考えてよいと思います。そのタイミングで、保護者も学校での様子を知ることができてよかったのでしょう。

　もちろん、保護者が子どもの障害に気がついていないことも、最近では起こってきているようです。理由は色々考えられますが、親になるまでほとんど、子どもと関わったことがなく、子どもの発達についての知識が乏しくなっていることがあります。

　他にも、保護者が家庭以外の子どもの姿をあまり見る機会がなくなってしまったことも考えられます。地域の中での子どもたちの活動は、年々減少していく傾向にあります。唯一、集団生活の様子を知ることができるのが学校だったりする。ところが保護者の中には、仕事が忙しい人もいます。その場合は、祖父母が代わりに授業参観に来ることもある。本当に集団での子どもの様子を「知らない」という保護者もいるのは確かです。そうした保護者に対して、いくら学校での様子を伝えたところで、「暖簾に腕押し」になってしまう。学校が一番困ってしまうパターンです。

　一方、他の子どもたちとの様子を見る機会がある保護者だったらどうでしょう。多少なりとも「あれ？」と思っている。特に兄や姉を育てた経験がある場合は、子どもの発達についても、ある程度の知識がある。きょうだいとの違いに気がつきやすい傾向にあります。保護者自身も、教師と同じように「気になっている」。でも、それを認めることには強い不安も抱えている。そう簡単には受け入れ難い。かといって、このまま放っておいてよいものか、何か始めなければいけないのではないかという不安をもっている場合もある。

　そんなところに、あなたたちから教育実践の話がもちかけられた。それも具体的な提案です。もともと、保護者も気になっていたのであれば、これは渡りに船です。乗るしかない。そう考えるでしょう。不安が大きい人には、不安をあおってはいけない。不安を軽くすることが必要です。あなたの話は、不安を一緒に考えたいとの意志を感じ取れたのでしょう。自分の不安を一緒に考え、解決を試みようとしてくれている。そのように伝わったのだと思います。

サチ先生　　たまたまそのタイミングが合っていたということなのか……。子どもに、もしかしたら障害があるかもしれないと気づいていても、すぐにSOSを出せない保護者もいるのでしょうか？

アソカワ教授　中にはそうした保護者もいると思います。気になるからこそ、それを打ち消そうという心理も働きます。最近は、すぐに「特別支援教育」と話をもちかけてくるという噂を聞いている保護者も少なからずいます。こうした話、誰もが聞きたいわけではない。なので、距離を置きたくなってしまう。

サチ先生　　学校としては、何でもかんでも特別支援教育につなげようとしているわけではないないんですけれど……。そうした傾向が最近、強くなっていると感じている保護者もいるようです。でも、保護者だけで抱えているなんて辛くないですか？

アソカワ教授　相談機関に行かないだけで、友人や身内にそれとなく相談はしています。ただ、相談された方は「気にしすぎだ」とか「あなたが小さい時も、そうだった」と言う。不安を打ち消す話が、結果的に足を引っ張ることになっているとは露知らずに。

サチ先生　　そっか。友人や身内はチームに入っていないからか……。チームが一丸となっていないと、足を引っ張る人が出てくると言っていたのはこのことなんですね。

アソカワ教授　チーム学校のメンバーにはスクールカウンセラーやスクールソーシャルワーカーなど、相談できる人もいるはずですが……。

サチ先生　　でも実際のところ、保護者が気軽に相談できるような雰囲気はなかなか作れていません。教師に相談に来る方が多いです。

アソカワ教授　教師は、相談相手としては比較的敷居が低いですから。

「関係機関」に委ねる？

関係機関につなぐ……

　アソカワ教授の最後の一言。保護者からの学校への電話は絶えない。学校には先生がいて、その先生は子どものことを知ってくれている。気になることがあれば、相談しやすい。そして私たちも、子どもの相談であれば親身になって聞く。だから相談が絶えないのだ。でも、それが私たちの本来やるべき仕事の負担にもなっている。だから、最近は勤務時間外の電話は受付けないことにしている。そうなると保護者は子どもの相談を誰にするのだろう。特に、子どもの発達や障害については、誰に相談するのだろう。

　アソカワ教授は、保護者は友人や祖父母などに相談すると言っていた。けれども、それでは解決に至らないことも多いと思う。といって、専門機関にすぐさまつながるわけではない。今回の「選択性緘黙症」の子どもについてもそうだ。このまま、様子を見ていればよいというものではない。医療や、福祉につなげてより手厚い支援を考えていくことも必要だと思う。

　はて？　一体、誰がそれをしてくれるのだろう。支援につなげるとは言ったものの、誰が、誰につなげていけばよいのだろう。

　そもそも、私はこのことについて、これまで何も考えてこなかった。病院への受診を勧めることは、すぐに思いつく。でもどこを紹介する？　精神科？　小児科？　他にもあるのだろうか。

　福祉についてもそうだ。どこにつなげばいい？　児童相談所？　相談支援センター？

　これは大変な問題だ。学校から一歩外へ出ると私には、子どもたちにどこで、どのような支援が展開されているのか、知識がない。学校がなかなか外部の機関と連携が取れないのは、これが原因なのかもしれない。

ヒロシ先生　恩師は色々とアドバイス、くれたの？

サチ先生　アドバイスというか、いつも謎かけみたいなやりとりになるので、私としては消化不良なんですけれど。

ヒロシ先生　へぇ、会ってみたいな、そのアソカワ教授に。

サチ先生　唐突ですけれど、ヒロシ先生は発達が気になる子や障害が疑われる子を、より手厚い支援につなぐ時、保護者をどこに紹介しますか？

ヒロシ先生　……その聞き方って、「病気だったらどこ紹介しますか」って聞いているようなものだよ。多分「病院」としか答えられない。でも病院っていっても、それぞれ専門が違うでしょ。結局、どういう症状なのと聞き返される。でも「お腹が痛かったらどこを紹介しますか」と聞かれれば、「内科」「消化器内科」って答えられる。

サチ先生　そうですよね。保護者にも「病院、受診してください」って言えば、当然、「何科に行けば、よいでしょう」と聞かれますしね。ボヤけた情報しかないから、こんな聞き方になっているんですよね。

ヒロシ先生　教師って、学校の外の世界のことをあまり知らないからね。僕だって、そこは一緒だよ。何もわかっていなかった。以前ね、相談機関の窓口を保護者に紹介したことがあったんだ。とにかく外部の機関にもつながっていた方が何かとよいと思ってね。保護者には「色々、相談に乗ってくれるところだから」と伝えて紹介した。そしたら保護者は、相談員に「担任の先生に言われたから来た」としか伝えなかったらしい。その後、紹介先の相談員から、きついクレームの電話がかかってきたよ。

サチ先生　えっ、なぜですか？　ヒロシ先生が紹介したから、相談窓口につながったのに、なんでそれがクレームになるのですか？

都合の悪いことを……

　外部の機関に、相談を委ねることは大事なことなんだ。教師は、教育の専門家ではあるけれど、それ以外の高度な専門的知識をもっているわけではないからね。

　ところが子どもに障害などが疑われる場合は、何かと言いにくいこともある。というより、自分が言いにくいことを誰かに言ってもらいたい。それが他機関につなげる理由だったりすることがある。

　例えば「障害の診断」につなげたい、そうすることで医療や福祉支援、特別支援教育につなげていくきっかけを作りたい場合などがある。多少なりとも知識があれば、そのことで保護者がとても辛い思いをするかもしれないこともわかっている。そういう話は、誰であってもしにくい。だから、フワッとしたことを言って、他機関へつないでしまう。

　でも、保護者は逆にフワッと紹介されてしまうと、そこにつながれている理由が実はよくわかっていないことがあるんだ。「ここに相談に行けと言われた」ということになってしまう。

　つながれた先の機関の人も、相談の主訴がないのだから相談に乗ることはできない。結局のところ具体的な話は何1つできないことになる。話が一歩も先に進まない。対人援助職にある人たちは、どんなケースであっても、少しでも話が前に進むことを願っているのにね。

　でも、彼女が僕に対して怒っていたのは、本当はそこではないんだ。自分たちが言いにくいことを、人を使って言わせようとしている。そこにカチンときていた。少し考えてみればわかるけれど、僕が言いにくいことは、他の誰かにとっても言いにくいことなんだ。僕は、自分が悪者になりたくなかった。それが見透かされてしまっていたんだ。これでは、関係機関との信頼関係なんて結べない。耳障りの悪い話をするところには、保護者も二度と行かないだろうし。

　誰かにつなぐ。そういう時には「なぜ、そこを紹介しているのか」「そこにつながることで、この先、どういうことが期待されるのか」、場合によっては「どういう負担が生じる可能性があるか」など、紹介する側がきっちりと説明をして、納得してもらうことが必要なんだ。

サチ先生　　インフォームド・コンセントですね。自分にはできないことを人につなぐことは大事だけど、自分に都合が悪いことだから、誰かを使うというのではダメということですね。それをすると、先方からの信用も損ねるということですね。

ヒロシ先生　　そういうことだね。自分たちにできることをまずはやる。もちろんできないことがあれば、そのこともはっきりと伝える。そして、それは他の専門家に委ねる。僕は、この一件があって以来、保護者にも承諾をもらって、学校での様子と合わせて報告書を書くようにしている。

サチ先生　　ヒロシ先生って、そういうところマメですよね。私なんか、全然気が回らない。

ヒロシ先生　　マメとかではなく、そうすべきなんだ。だって、よく考えてごらんよ。保護者は家での様子は話せても、学校での様子は話せない。そこについて一番情報をもっているのは僕だから。もちろん、同伴が許されるならそうした方がいいかもしれないけれど、センシティブな問題もあるから気を使う。

サチ先生　　そうすることで、双方の連携もきっちり取れるということですね。信頼関係も結べることになるのか。

ヒロシ先生　　そうなんだ。僕らが何か1つ手を抜けば、その分、誰かにその負担がいってしまう。だから、手は抜かない。子どもを中心に、みんなで支え合うという関係作りは、双方がこうした姿勢を見せることなんだ。

サチ先生　　それにしても、ヒロシ先生、さっきの相談員、ヒロシ先生に「カチンときた」って言ってきたんですか。

ヒロシ先生　　そうだね。随分経ってから直接言われたよ。自分たちに都合よく関係機関を使おうとするなってね。僕と結婚した後のことだけどね。

障害を受け入れる？

報告がもらえない……

　私たちは、教師としての立場から「子どもに必要なことは何か」を考えることができる。でも医学的な立場や福祉的な立場からは、何もできない。そのことを「選択性緘黙症」が疑われる児童の保護者に話した。その上で、自分たちの実践においても、関係する支援者たちと連携したいと切り出してみた。

　すると保護者からは意外な話が返ってきた。「ネットで色々と調べてみたが、うちの娘は選択性緘黙症ではないか」と。そして「先生は、どう思うか」と聞いてきた。

　私は、正直少し戸惑った。「そこは、専門ではないからよくわからない」と言えばよかったのかもしれない。

　でも、なぜかその時、私は違うことを考えていた。

　保護者なりに悩んだ末なのだ。私が気休めをいうことで、決断を鈍らせてしまうのではないかと……。だからといって、いい加減なことは言ってはいけない。どうすればよいのだろう。

　私の迷いも含めて話をすることにした。当初は、私も人見知りが強い子どもだと思っていたこと。でも、これだけの時間を一緒に過ごしてきていたけれども、私からの問いかけに話ができずに黙り込んでしまう。そんな状況が気になっていたこと。他の教師にも相談したこと。知識のある教師を通じて「選択性緘黙症」のことを教えてもらったこと。そして、私も色々と文献を読んでみて、保護者の方と同じように考えていたこと。これまでのことをそのまま話をした。そして、私は医師ではないので診断はできないことも併せて伝えた。

　保護者はしばらく黙っていた。そして、「どこを受診したらよいか」と聞いてきた。私は、小児神経科を紹介し学校での様子を報告することを約束した。

ヒロシ先生　それで、あの子受診したの。

サチ先生　はい。お医者さんからは、「選択性緘黙症」との診断が出たそうです。学校の様子について、報告書があったので助かったと言ってくれました。「選択性緘黙症」の場合、症状が出る場面は学校なので、家庭の様子だけを詳しく話されてもなんともいえないそうです。保護者の方も、報告書があってよかったと言ってくれました。

ヒロシ先生　診察の様子は、サチ先生から保護者に尋ねたのではなく、保護者から話ししてくれたの？

サチ先生　はい。お薬での治療までは今は考えていないそうです。お医者さんからも、無理やり話をさせるようなことはしないようにと言われたそうです。この辺りは、ナガオカ先生からもアドバイスをもらっていたので、私も気をつけていましたし、ビデオレターでは色々とお話ししてくれているので、なんとなく通じ合えている感じがしています。だから、こちらも焦らずに済んでいます。

ヒロシ先生　これからは保護者と学校と医療の連携も具体的に進みそうだね。サチ先生、上手に関係を作ることができたじゃない。

サチ先生　そうでしょうか。たまたまうまくいっただけです。色々なアドバイスがなかったらどうなっていたかことやら。

ヒロシ先生　でも、直接みんなにとってメリットのある状態にもっていけたのは、すごいことだよ。保護者も、サチ先生に報告をすぐにくれたのも、信頼関係があったからじゃないかな。

サチ先生　普通、報告してもらえるものじゃないんですか。一緒に話し合って決めたんだから、その後どうなったのか報告してくれないと困りますし。

障害の受容ができない……

　そうなんだよね。でも診察の結果はセンシティブな情報が多い。だから個人情報保護の観点からも、報告は強制できない。なかなか聞きにくいしね。

　僕が特別支援学級で肢体不自由の子どもの担任をしていた時のことなんだけど。身体に障害のある子どもたちは、セラピストによるリハビリを受けるためにも、医師の診察は欠かせないんだ。療育施設には医師もいる。多くの場合、就学前から医療ともつながっている。学校も教育課程を編成していく際、医療関係者や福祉関係者からの所見は欲しいから、常日頃から連携している。

　ちょうど保護者と「個別の指導計画」の内容を確認していた時の話なんだけどね。保護者から「自立活動の時間、自分の足で歩けるように学校でも歩行の指導を入れてほしい」っていう話が出てきた。

　将来、医学がどのように進歩していくかなんてわからないけれど、実のところ、僕はこの児童はその時点では、医学的にも自立歩行は見込めない状態だと思っていた。そこで保護者の希望は、しっかりと伺った上で、学校として指導の可能性を検討するためにも医師の所見をもらいたいことを話した。保護者も、医師と連絡を取り合うことに承諾してもらえた。

　幸い、1週間後に診察が入っているということだった。僕はすぐに現在の学校での様子と合わせて、自立歩行の指導の可能性について、医師の見解を教えてほしいという書面を送った。

　診察後、すぐに療育施設の主治医から返事が届いたよ。そこに書かれていたことは、僕が思っていた通りのものだった。そして診察の際、今後も自立歩行は難しいと、改めて保護者に説明したと書かれていた。

　ところが何日経っても、保護者からは、その時の診察の報告が僕にはなかった。送迎の際、保護者とは毎日顔を合わせていたのに……。

　診察から既に2週間過ぎたころに、さりげなく「そういえば、この前の診察、ドクター、何か言っていませんでしたか？」と聞いてみた。保護者はこう答えたよ。「特に、何も話はありませんでした」と。

　僕は、それ以上話はできなかった。後でわかった話なんだけど、医師も僕に診察時の報告書を送ることについては、保護者に承諾を得ていたらしい。

サチ先生　ヒロシ先生、それって保護者が嘘をついていたってことですか。

ヒロシ先生　嘘は言っていないと思うよ。僕は、その時保護者に「自立歩行について何か言われませんでしたか」とは聞いていないしね。もっとも、そう聞いていたとしても「何も言われていない」と答えたかもしれない。

サチ先生　そんなぁ。だってお医者さんも診察時の話の内容について、ヒロシ先生に報告するって言っていたんですよね。だとしたら、診察の内容をヒロシ先生が知っているって考えなかったのかな……。

ヒロシ先生　正直、保護者がどうして、僕に「何も言われていない」と言ったのかはわからない。けれど、そうしたことはあるらしいんだ。医師が障害の診断を告知したので、保健師が保護者のフォローを頼まれた。保健師は、すぐに保護者と面談した。けれども、保護者は「お医者さんには、何も言われていない」と言った例もあるそうだよ。

サチ先生　診断直後のことは覚えていない、どうやって家に帰ったのかもわからなかったっていう話も聞きますよね。真っ白になっていて、話が聞けなかったのかな……。それとも障害の受容ができていないのかな。

ヒロシ先生　さっきの保護者はその後も「個別の指導計画」を作る時には、自立歩行の指導が希望としてあがってきた。僕は、その後もそれを否定はできなかった。だって、もし僕の子どもが同じ状態だったら、同じことを言っていると思う。いつか、歩けるようになるって心の底から信じていると思うんだ。それが、親子にとって唯一の希望かもしれないじゃない……。だとしたら、受容しなさいなんて、簡単に言うもんじゃないと思うんだ。だから僕は、保護者の希望は、大事な希望として聞くようにしている。

　だけれども、気休めはいけない。だから今、やるべきだと考えていることについてもはっきりと伝える。保護者の希望に近づくためにも、今、必要なことはしっかりやっていこうと提案するようにしている。

精神的負担、時間的負担？

「様子を見よう」……

　「選択性緘黙症」の児童については、医療と公認心理師からも専門的な助言がもらえるようになった。その後も、保護者はとても協力的だった。学校が冬休みに入ってすぐに、私はリモート会議システムを使って、保護者にも同席してもらう中で、家庭の居間にいる彼女と直接話をすることもできた。初めは緊張していたが、ビデオレターで話を聞いていた好きなアニメーションのことで私たちの話は盛り上がった。「こんな風に笑える子なんだ」と初めて知った。私は、年が明けて新学期が始まるのが楽しみになった。

　そんなことを考えていた年の瀬も迫ったある日、特別支援教育の校内委員会が開かれた。そこでヒロシ先生のクラスのムラカミくんのことが話に出た。校内委員会で度々、話題にあがっている児童だ。高学年になるのだが、学力の面では明らかに遅れが目立っている。特別支援教育が必要であることは随分前から確認ができていた。けれども、学校からはなかなか話を進めることができずにいた。入学時に就学先を巡ってトラブルがあり、就学後もそれは続いていた。この時のムラカミくんの担任がヒロシ先生だったのだ。保護者との関係も破綻し、最終的には校長の判断で「様子を見よう」ということになった。来年は、6年生になる。中学校進学を考えると、もう様子を見てなどいられなかった。話を進めなければならいことは、校内委員会でも一致していた……。

　でも、どのように話を進めていけばよいのか。みんな、そこはよくわかっていなかった。1年生の時以来、ムラカミくんの保護者には特別支援教育について話をしていない。ここに来て、また急に特別支援教育について話が出れば、どんなことになるのだろう……。

　校長が言った。「このまま、中学校へ送るわけにはいかないでしょう」

アソカワ教授　よくある話ですね。そのまま中学校に送ってしまえば、必ず小学校は何やっていたんだという話になりますから。

サチ先生　　　そのようです。で、担任のヒロシ先生がこの状況をなんとかしなければならなくなりまして……。

ヒロシ先生　　ヒロシです。サチ先生に、こういう時の対応についてはアソカワ教授が詳しいと伺っていたので。私も彼の担任になるのは 4 年ぶりなのですが、1 年生の時のトラブルを考えると、踏み込めずにいました。

アソカワ教授　そうですか。何があったのかはわかりませんが、長い時間の放置は、それなりに難しい問題を引き起こしていますよ。

ヒロシ先生　　そうだとは思います……。私も、どう話を始めればよいのかわかりません。

サチ先生　　　アソカワ教授！　学校としては放置していたわけではなくて、「きっかけ」がなかったんです。

アソカワ教授　特別支援教育について話し合う「きっかけ」ってなんですか？

サチ先生　　　何か大きな行動問題があったとか、授業についていけていないことで、本人が学校に行くのを嫌がっているとか……、友達とうまくいっていないとかです。

ヒロシ先生　　ムラカミくんは……他の子どもたちともうまくいっていなかった。いじめられているのではないかと、他の児童の保護者からも話が出ていたあの子だよ。でも、僕はムラカミくんの保護者には、そのことを伝えていなかった。いくらでも、話をするきっかけはあった。でも、それを避けてきた。結局、ここまで放置していたというのは確かだよ。

失ってしまったもの……

　ここからはこれまでの経過についての私の勝手な推察です。

　1年生の時に、保護者となんらかのトラブルとなってしまった。小学校は6年間ある。先のことを考えれば保護者との関係は良好に維持していきたい。関係を壊さずにいるには、ことを荒立てないこと。だから様子を見てきた。

　あるいは子どもが抱えている困難を考えれば、この先、学年が進むごとに難しさは今よりも増してくるはずだ。そのうち、保護者も子どもの発達の遅れを認めざるを得なくなる。そうなれば保護者の方から何か言ってくるはずだ。ならば様子を見よう。

　そうして様子を見続けた。この間にも保護者が子どもために費やした時間と、精神的負担はどんどん積み上がっていく。注目すべきはそこなのです。

　保護者の側から、この問題を見てみましょう。

　ある保護者が、自分の子どもの発達に不安を覚えていた。周囲に相談すると「気のせいだ」とか「大丈夫。様子を見ましょう」と言われてきた。その言葉を信じながら、不安を打ち消しその後も過ごした。

　ところが就学時健診の時のこと。「お子さんの発達のことで、これまでにどこかで相談されたことはないですか」。一番恐れていたことが現実のものになった。でも、その不安を打ち消す言葉に支えられてここまでやってきたのだ。これまでなんとかやってきた。きっと大丈夫。だから「特にない。気にもしていない」と言い張った。そうやって、小学校に入学した。

　でも、小学校の生活は、保育園での生活とはまるで違っていた。椅子に座って授業を受けなければならない。子どもの状態は、日に日に不安定になっていく。これ以上、今のままでいることが誰のためにもならないことは明らかだ。そう考えを改めるべきなのだろう……。でも、方向転換できなかった。そうして、また時間が流れていった。

　6年生になったある日。

　「中学校に行ったら、特別支援学級へ通うという選択肢もあると思いますが」。そう言われた。怒りが込み上げてきた。「何を今更……！」

　と、まぁ、これはあくまで私の勝手な憶測ですがね。

ヒロシ先生　ムラカミくんは、入学前に、就学先をめぐって保護者と意見が合わなかった児童です。彼の実態を見ていくと、特別支援学級が適しているのではないかというのが学校の考えでした。でも、保護者はそれを望んではいませんでした。特に父親は頑なだったのです。入学してからも、学校の様子は逐一伝えましたが、私の不用意な一言で怒らせてしまった。それ以来、特別支援教育について話をすることができなかったのです。

アソカワ教授　なので、精神的負担と時間的負担に注目する必要があるのです。その児童の保護者は5年の間、通常学級の中で、周囲の目を気にしながら頑張ってきたのでしょう。それが精神的負担です。おそらく、何度も「これ以上は難しいのでは」と考えることもあったのではないでしょうか。

ヒロシ先生　そうかもしれません。何かトラブルがあれば、周囲の保護者に謝って回っていましたから。そういう状態が続いていた。精神的に負担がなかったなんて考えられません。

アソカワ教授　過去にかかった精神的負担、時間的負担は、どんなに頑張っても取り戻すことはできません。当然、この先のことを考えれば、方向転換する方がむしろよいかもしれない。ところが、精神的負担、時間的負担をかけ続けることがこの先、損失になるとわかっていても、費やしてきた負担を惜しんでしまう。もう少し、頑張ってみたら今の状況は一変するのではないか。第一、このままでは費やしてきた自分たちの精神的負担、時間的負担が全て無駄になってしまう。こうして合理的な判断ができなくなってしまうのです。

ヒロシ先生　私たちは、「頑なに拒んでいる」という理解でした。でも、もしかしたら、その選択が必ずしも、子どものためにはならないことは保護者も理解しているかもしれないということにもなりますね。

アソカワ教授　そうなりますね。最も、過去の負担はどうにもならない。チャラにすることは、そんなたやすいことではないですからね。

話し合いの向かう先？

未来志向で考える……

　サンクコスト効果というらしい。認知バイアスの一種なのだそうだ。

　それにしても……五年生になるまで抵抗し続けていたのは保護者の方だ。その保護者が、学校に対して「何を今更」と言う。これはなんとも身勝手な話のように聞こえる。そうなのだ。私は、そういう心理状態になるということに、まったく納得していなかった。すぐに顔に出る性格だ。こういう時のアソカワ教授は、鋭い。なんでもお見通しだ。

　「あなたのことです。納得していませんね」

　そして、こんな話をしてくれた。

　2,000円を支払って、映画館に入った。始まって、10分もするとその映画がとんでもなくつまらない話であることがわかってきた。予定では、この先90分も、このつまらないストーリーに付き合わされる。さて、どうするか。

　私はおそらく……この映画を観続けるのではないかと思う。だって、つまらないからと今、映画館を後にすれば、支払った2,000円が無駄になってしまう。損をしたくはない。だから、私はこのつまらない映画を観続ける。

　そんな私の答えに、アソカワ先生は不適な笑みを浮かべてこう言った。

　そもそも、このまま映画を観続けていれば、2,000円どころか、残りの90分の時間も無駄にすることになる。その90分の時間は、映画館を後にしていれば、もっと有意義な時間として過ごせたかもしれない。にもかかわらず、無駄な時間として90分の時間を費やしてしまった。2,000円の損失と合わせると、まったく不合理な選択をしたことになる。

アソカワ教授　無駄になるとわかっていても、すぐに方向転換できない。結局、映画を最後まで見てしまった。あなたのことです。「ひどい映画だった」などと友人にでも話すのではないですか。

サチ先生　　確かにそうかもしれません。そのように意思決定したのは自分なのに……。「何を今更」と言う保護者の気持ちも、なんかちょっと理解できるような気がします。でも私のように、最後まで映画を観ないで、途中で出ていってしまう。そんな人もいますよね。時々、そう言う人、映画館でみます。それができる人と、私の違いはどこにあるのですか？

アソカワ教授　既に費やしてしまった時間や、精神的負担、経済的負担は、どれだけ努力しても取り返せません。そもそもが、どうにもならないことよりは、この先どうしていこうかと考える傾向が強い人なのではないでしょうか。

サチ先生　　未来志向の人なのかな……。時間と精神的負担を多く費やしてしまった人に、「未来志向でやっていこう」と言って、すぐに切り替えられるものですか？

アソカワ教授　それほど単純な話ではないことくらい、わかるでしょう。自分のことを考えてみてください。

サチ先生　　そうですけど……。では、ヒロシ先生はどう話を進めればよいのですか。

ヒロシ先生　私も、そこを教えていただきたいのです。学校は、未来のことを話したいのです。だけれども、今の話では結局のところ、「何を今更」という話になるのは目に見えています。そうなれば子どもも保護者も、損失してしまった精神的負担や時間を振り返り、その場に留まってしまうのではないでしょうか。結局、小学校入学前と同じことになって、中学校に送り出すことになるのではないでしょうか。

双方にとっての最大の利益？

　一度壊れてしまった関係を、修復することは難しい。捨て身になるというのも１つの方法だとは思います。でも、そうしたリスクは避けるべきでしょう。今以上に関係を壊すことは、それこそ誰のためにもならないでしょう。つまり、今、あなたたちの学校には、打つ手がないということになります。

　といって、このまま放置し続けることも誰のためにもならないのではないでしょうか。そうなると、第三者に入ってもらうという方法が有効だと思います。教育委員会の指導主事などが、こうした事例に第三者として関わっていることもあるようです。もっとも、これは全国一律ではないのかもしれませんが。あとは、私のような仕事をしていると、引っ張り出されることがある。正直、トラブル解決係みたいな役割は精神的にもしんどい。いつまでも付き合えるものではありません。理想をいえば、関係を壊さない。これにつきます。そこは理解しておいてください。

　それと、第三者であれば誰でもよいというものではありません。双方の立場を尊重しながら調整できる人がいいでしょう。

　さて三者が集まって、どのように話を進めていくのか。ここからが重要です。ただ、「未来の話をしよう」などと言っても誰も乗ってきません。そういうことではなく、「今より得する方法を考えよう」という話し合いにすることです。2,000円と費やした時間よりも大きな利益をこれから生み出す方法を考えようと。そういう提案をすることです。損失を取り戻すのではなく、損失をこえる利益です。しかも双方にとって。そのアイデアを一緒に考えるのです。

　１つ例を挙げながら考えましょうか。

　1個のオレンジがあった。このオレンジを２人のきょうだいが取り合っていた。喧嘩は一向に収まる気配もない。取り合いはいつまでも続いている。

　当事者の２人でこの問題解決は難しそうです。そこであなたの登場です。あなたはオレンジを取り合う２人のきょうだいのこの争いを納めたい。
　さて、どのように解決しますか？

サチ先生　喧嘩になってしまったのならば、とりあえずこの２人に、どう解決すればよいか、話し合わせると思います。

アソカワ教授　ん……。もう少し具体的に言ってください。双方が争っている時に、どうやって解決したらよいか当人たちに考えさせるのですか？　それが難しいから、第三者を入れると言っているのですよ。

ヒロシ先生　私たちが第三者の立場の時に、どう切り出すかということですね……私は、オレンジを２つに割って、どちらもオレンジを食べられるように提案します。

アソカワ教授　それが双方にとっての最大の利益を提案していることになりますか？　よく考えてごらんなさい。２人のきょうだいは、オレンジを手に入れたいから争っているのですよ。半分にしてごらんなさい。双方が半分損したことになります。

ヒロシ先生　確かに、そうなります。ジャンケンで勝った方と提案すれば……いや、これだと一方にとって丸儲けでも、もう一方は大損している。結局、どうやっても、半分か丸々１つを損してしまうことになりませんか？

アソカワ教授　つまり、あなたたちは初めから双方にとっての利益なんて生み出せない、無理だ。どちらかが損をするか、どこかで妥協をしていくしかないと思い込んでいる。保護者との話し合いに臨む姿勢としては最悪ですし、そういう提案をするなら第三者は必要ありませんね。

サチ先生　じゃ、どうすればいいんですか。何言っているかわかりません。オレンジは１個しかないのに!!

アソカワ教授　あなたは、この２人がなぜ、オレンジを取り合っているのか知っていますか？　双方の求めている最大の利益を知っているのですか？

「奪い合わない」話し合い？

オレンジは１つではない……

　ハッとした。私は、２人のきょうだいがどのような理由で１つのオレンジを取り合っているのかを知らない。それどころか、取り合っているのは、きょうだいがどちらも「オレンジを丸ごと食べたい」からだと思い込んでいた。「なぜ、オレンジを手に入れたいのか」。そのことを一度も確認せずに……。

　そしてこうも考えた。平等に「半分に分ければいい」。単純に「ジャンケンで決めればいい」、喧嘩が続くなら「オレンジを取りあげてしまえ」と。でも実際にこのような解決法では双方が半分、あるいは一方が丸ごと、双方が丸ごと損をすることになる。でもそれも仕方がないことだと思い込んでいた。

　アソカワ教授の話には続きがあった。

　結局、オレンジは半分に分けられた。半分のオレンジを手に入れた姉は、オレンジの実を食べ、皮を捨てた。もう半分のオレンジを手に入れた妹は、オレンジの皮でジャムを造り、そして身を捨てた。

　そうなのだ、わざわざ半分にする必要はなかった。というより、姉はオレンジの実を丸ごと、そして妹はオレンジの皮を丸ごと手に入れることができたのだ。どちらも損をすることなく、そして争う必要もなかった。

　ところが私たちは、どちらも損をしない、今以上に得をする方法を考えようという話し合いの立ち位置を、確認していないことに気がついた。

　結局、私はある観念にとらわれていた。話し合いをする。なぜなら争っているからだ。きっと双方がどこかで妥協しないと、解決できない。そして学校が保護者の意に沿う形で決着するしかないと考えていた。

アソカワ教授　全く後ろ向きの解決法ですね。双方の利益に向けた話し合いをするという出発点の確認が、まずは大切なのです。初めから、オレンジが１つしかないという思い込みももつべきではないでしょう。

ヒロシ先生　オレンジは１つと先ほど言っていましたが……。本当は、２つあるということですか？

アソカワ教授　手品じゃあるまいし、そんな話をしていません。ジャムを作ろうとしていた妹はともかくとして、姉はオレンジが食べたかったのかすら定かではない。オレンジは確かに１つしか目の前にはなかった。だから争っていたが、実はメロンがあれば姉はオレンジではなくメロンを望んだかもしれない。つまり、オレンジよりももっと得する話が他に転がっていれば結果は変わっていた。

サチ先生　アソカワ教授、なんかこの話、おかしなことになっていますよ。前提がないじゃないですか。本当は、スイカもあるし、パイナップルもある、なんならオレンジだって隣の部屋には段ボールに１箱入っていたみたいな。そこまで話が行ってしまうと、ちょっとインチキな感じがしますよ。

アソカワ教授　私は初めから１つの思い込みに支配されることを問題にしています。話し合いの立ち位置を、今、目の前にあるモノ以上の「何か」を得るための、アイデアを一緒に考える。そこに置くべきです。

ヒロシ先生　「思い込み」から脱却するために、可能性はいくらでもあるという立ち位置に立つべきだということですね。オレンジも、今は１個でも、知恵を出し合えば、もっといっぱい手に入る方法があるかもしれないと。

サチ先生　私はヒロシ先生ほど納得していません。だって、問題は目の前にあるわけです。解決のための可能性については否定しませんが、実際に解決法は限られていませんか……特に学校は、そういうこと多いじゃないですか。

規定という思い込み……

　そこは否定しません。学校が多くのルールに縛られているのは確かです。仮にいまだ見ぬベストな解決法が、話し合いによってまとまっても、ルールに照らし合わせれば、実現の可能性はないということもあるでしょう。

　ただし、ここで大事なことは、初めにルールありきだと思い込んでいると、他のオレンジの箱も、パイナップルも見つけられない。つまり、双方の利益には辿り着けないということです。

　ブレインストーミングをご存知ですか。限られた時間で、兎に角、思いついたことをそのまま書き出していくという、あれです。ブレインストーミングで大事なことは、「すぐに決めない」ことなのです。ところが以前、現場の教師のブレインストーミングで、気になることがありました。

　「子どもたちが楽しく通える学校にするために、アイデアを募集します。思いついたことを書き出してください」と伝えました。皆、自分の理想とする学校の話をした。ところが、あるグループで「それいいですね。でも、うちの学校では無理かな」という発言が出てしまった。すると別の教師が「うちも、校長に反対されそう」と……。とても、「子どもが楽しく通える学校」は作れそうにない空気になってしまった。そして最後に「結局、学校って何をするにも、できないことばかりだね」という結論になってしまった。

　私は、こういう話し合いが最悪なのだと言っています。話し合いの立ち位置を間違えると、初めからオレンジは1つしかないという話し合いになってしまう。「やりたいこと」ではなく「やれること」、「理想」より「現実」。「可能性」より「規定」。これでは、双方にとって得をする、利益になる結果には絶対に辿り着けないと話をしました。すると、「そうはいっても、学校では難しいのです。現場をご存知ないからそういうのです」と言い切られてしまった。

　これでは、最高の解決策など生まれません。まだ誰も考えつかない筋道で解決ができるかもしれないという想像すらできない。これではいけません。今はまだ知らない方法を、誰にも見つかっていない画期的なアイデアを、保護者と一緒に探し出そうという立ち位置に立つことがまずは必要なのです。そこには、ルールも校長も関係ないのです。

サチ先生　　でも、アソカワ教授。「学校では、無理です」と話す教師たちに、「共に得する話し合いをしよう」と熱く語っても、結局は「無理です」と押し切られたわけですよね。双方の気持ちが一致して、「双方の利益を目指す」となっていれば、いいですよ。でも、どちらか一方しかその気になっていないのであればうまくいかないのではないですか？

ヒロシ先生　　私も、サチ先生と同じことを考えました。アソカワ教授の話は、保護者も、学校も同じ方向を向いていれば可能です。でも、教師がそうであるように、保護者も同じ方向を見ているとは限りません。そういう中で、どのように話し合いをすれば、双方がそのような立ち位置に立てるのですか？

アソカワ教授　　話し合いを始めた時に、双方が私の言う方向を見ていなければ、確かに無理でしょう。あなたたちが言うように「そうはいっても、学校ではできません」となるでしょう。そして保護者からも「どうして学校ではできないのですか！」となることでしょう。いつまで経っても学校と保護者は、いい話し合いができるようにはならないでしょう。

サチ先生　　アソカワ教授の言う理想は、理解していますよ、私も。でも私たちが向かっているのは「理想」ではなく「現実」の方なんです。折角話し合っても、実現できないことであれば、それこそ信頼を失ってしまいますよ。

ヒロシ先生　　サチ先生……、それを言ってしまうと僕たちは、結局、理想にはいつまでたっても近づけなくなってしまうのかもしれない。どうすれば理想に近づけるのか、僕はそこが知りたい……。

サチ先生　　そうですけど……。

アソカワ教授　　今、あなたと私は同じ方向を見ていませんね。でも、そちらの先生は、私と同じ方向を見ようとしています。この違いは、なんなのでしょうか。教師としてのキャリアですか。それとも、他に何かありますか？

最高の話し合いを目指すために？

1人の子どもの幸せ……

　私は、アソカワ教授と同じ方向を向いていない。双方の利益を探求すると言う立ち位置にいない……。

　そもそも、私とアソカワ教授は双方の利益などを考える間柄ではない。私にとっての利益はあっても、アソカワ教授の利益になるようなことはこの先もないだろう。そこはヒロシ先生だって同じだ。アソカワ教授がヒロシ先生から、なんらかの利益を得られることはないだろう。話し合いの立ち位置なんて議論する以前の関係だ。ヒロシ先生は、アソカワ教授に初めて会った。だから話を合わせているに違いない。そういうヒロシ先生に、アソカワ教授は好意的態度をとっているだけだ。だって、アソカワ教授にとって、私たちの学校で起こっていることなんてはなから関係もなければ、関心もないはず。

　保護者だって、保護者だってきっと……あれ、そうかな？

　違う……かな。保護者と学校の関係は、私とアソカワ教授、そしてヒロシ先生との関係とは全然違う……。なんで、こんなことに気がつかなかったのだろう。やっぱり私はわかっていなかった。

　「1人の子どもの幸せ」という1つのオレンジをどうするのか。これが私たち教師と保護者の関係だ。双方にとって、この「1人の子どもの幸せ」に対する想いは違う。そう。保護者と教師は、価値観が違うからだ。だから、取り合ってしまう、半分に分け合ってしまう、時に奪われてしまう。だからこそ、双方にとっての利益を考えていかないと、「1人の子どもの幸せ」を、私たちは簡単に真っ二つに割ろうとしてしまう。そういうことを言っているのかもしれない。「1人の子どもの幸せ」の可能性を、双方にとって1番いい形で考えていく。そのことを私は理解していなかった……。

アソカワ教授　私が「１人の子どもの幸せ」のことを、オレンジ１個に例えて話したと……?! なるほど……。そうですオレンジとは「１人の子どもの幸せ」のことです。ちなみにオレンジの話は、私が作った話ではありません。交渉術などの書籍でよく取り上げられている話です。

サチ先生　　もう！ いいことを話してくれたと思ってしまった……。ただの思いつきとは露知らず。

ヒロシ先生　いや、そんなことないよ。サチ先生が、整理してくれたからアソカワ教授の話は、僕にはさらに納得できた。保護者は、「１人の子どもの幸せ」の「実」を手に入れたい。そして、僕たち教師はジャムを作ろうと「皮の部分」を手に入れようとしている。そうであるならば「１人の子どもの幸せ」を争う必要なんて初めからないじゃない。そこが話し合いの出発点なんだよ。

サチ先生　　なんだか、わかったような、わからないような。それでは、アソカワ教授。私の疑問に再度、答えてください。１つのオレンジをめぐって、双方の利益を探求する立場に立てていなければ、どうすればいいのですか。

アソカワ教授　立ててないなら、無理でしょう。

サチ先生　　やっぱりそうなるじゃないですか。双方が納得するまでには相当な話し合いの時間が必要です。仮にその過程で、１つの目標に向かって、双方の利益をめざすことができればいいと思います。でも、目標が定まっていなければ、結局そこに辿り着けない。その時は泥沼の争いになりませんか？

アソカワ教授　オレンジが出て来た。そこで、ようやく話し合いを始める気ですか。随分、のんびりしていますね。

サチ先生　　だったら、いつ始めるのですか。目の前に話し合うべき問題があるから、話し合いが始まるのではないですか？

「囚人のジレンマ」……

　問題が起こってから話し合いを始めたのでは遅すぎます。というよりは、私の言う話し合いの立ち位置に立つためには、そんなのんびりやっていたらダメです。そうかといって、これはスピードのことを言っているのではありません。問題が起こるより、ずっと前に、双方の利益をまず第一に考える関係に、双方が立てていなければならないと言う話です。

　これから話す話も、「囚人のジレンマ」という有名な話です。

　２人の容疑者がいる。２人は一緒に法を犯した容疑で警察に捕まり、独房に入れられた。２人は話をすることも、メッセージを交換することもまったくできない。

　それぞれの取調室で、取調官は双方に対して次のようにもちかけた。

・お前たち２人が、このまま黙秘を続けるのであれば、その場合は双方共に１年の禁固刑になるぞ。
・お前たちのうち、どちらか一方が自白し、もう一方が自白しなかった場合。その場合は、自白した方はそのまま釈放してやる。自白しなかった方は、１０年の禁固刑だ。
・お前たちの両方が、自白した場合。その場合は双方５年の禁固刑だ。

　さて、この２人の容疑者は、どうすると思いますか。
　双方のことを考えていれば、良い選択といえるのは黙秘し続けることです。でも、自分にとって一番都合がよいのは、自分だけが自白していて、相手が黙秘を続けてくれること。そうなれば自分は直ちに釈放される。悪いが相手は禁固刑１０年だ。でも、このことは双方に伝えられている。となれば相手も同じことを考えていやしないか。そうなると両方が自白することになる。結局、２人とも５年の禁固刑を食らうことになるだろう。
　双方にとって、最善の選択は、双方が黙秘し続け１年の禁固刑で済ませることなのにも関わらず、そうはならなかった。

サチ先生　　黙秘し続けていたら、1年の禁固刑で済んだのに。自分の利益ばかり考えていると、結局は双方が5年の禁固刑になる。これは双方ともに損してしまうという選択をしたことになりますね。

ヒロシ先生　　法を犯すくらいだから、双方、信用していなかったんだろうな。

アソカワ教授　　おやおや。法を犯しているから、双方を信用していないなんていう決めつけも、ある意味先入観ですよ。

サチ先生　　う〜ん……もし、この2人の容疑者が双方を信頼する関係にあったらどうなったんだろう。「奴は、絶対にオイラを裏切ったりはしねぇ。なぜなら……」

アソカワ教授　　なぜなら……?　なぜなら、なんです?

サチ先生　　えっと、なぜなら……「奴は、一度だってオイラのことを裏切ったことがねぇからだ。オイラだって、奴を一度だって裏切ったことはねぇ。そうやってオレらは、ここまでやってきたんだ」ってな感じ。

アソカワ教授　　ほう。そうやって「ここまでやってくれば」黙秘を続けられると?

ヒロシ先生　　捕まる前まで、双方が相手の利益を考えながら行動し続けてきた。そういう関係にあれば、双方が黙秘する。最善の選択ができる。オレンジが目の前に出てきた時に、初めて「さぁ、どうする」ではないということですね。ここに至るまで、常に相手の利益も考えた選択をしてきたかということが、いざという時の利益につながる!

アソカワ教授　　私は、ずっと信頼関係を作ることが何より大事と言い続けてきましたよ。結局これまでの関係が、最後はものをいうのです。

「話し合い」の初めの一言？

「気になることが」……

　アソカワ教授が私たちの学校に来ることになった。保護者との話し合いに第三者として入ってもらいたいという私たちからの依頼については「嫌だ」と拒否された。立場が明確でないからというのがその理由だ。その代わり、校内研修で保護者との話し合いの心得について話をしてくれることになったのだ。

　それにしても、相変わらずアソカワ教授の話は、どこか芯が外れているように感じる。というより芯を外してくる。新人が偉そうに言うのもなんだが、教師としてアソカワ教授の講義を改めて分析してみた。要は「問い」にいつも問題があるのだと思う。いや、というより焦点が合っていない「問い」が続く。そうかといって、話が迷子になっているわけでもない。段々と焦点が合ってくる。ここは不思議だ。元々、話術に長けていると感じたことは一度もないのだが、納得させられている。

　今も、こんな事例について話し始めた。

【事例】

　あなたが担任をしている児童の保護者から、「先日の宿泊教室の対応について、話を伺いたい」という連絡があったらしい。あいにく、授業中だったため教頭が電話の対応をしてくれていた。

　授業を終えて、職員室に戻ると早速、教頭からその旨を伝えられた。あなたは急いでその保護者に電話で連絡をした。

　すると保護者は少し口ごもり、「詳細は直接会って話をしたい。先日の宿泊教室以来、子どもの様子で気になることがある」と話した。

　あなたは、面談の予定を確認し、電話を切った。

アソカワ教授　皆さんは、今、どのような気持ちでいますか。そして何をしようと考えていますか？

サチ先生　　　（いい気持ちはしないなぁ……。宿泊教室で何があったというのだろう？　私が見ていないところで、何かトラブルがあったのだろうか？　モヤモヤする……。こんな気持ちのままで面談の日を待つのか……落ち着かない。宿泊教室に参加した他の先生にも話を聞いてみた方がいいかな……）

アソカワ教授　それではちょっと質問します。この保護者との面談で話す内容は、宿泊教室の時に起きた「自分の知らないなんらかのトラブル」についてだと思う人は手を挙げてください。

サチ先生　　　（そうだろう……、うわぁ、全員手を挙げている。でも、これはそういう電話でしょ。他にどういう話だと ???）

アソカワ教授　どうやら、皆さん同じ気持ちでいるようですね。楽しい話、ワクワクする話だという人はいないようです。これは残念。

サチ先生　　　（んなわけないでしょ。保護者が電話をかけてくる時っていうのは、大抵、ヘビーな話なの、本当にもう〜わかっていないんだよなぁ）

アソカワ教授　では、皆さんは、今、何をしようと考えていますか。具体的に教えてほしいのですが。

ナガオカ先生　すぐに、宿泊教室に付き添っていた他の教師に、何かその児童について気になることがなかったか聞いて回ると思います。

アソカワ教授　ほぉ、ナガオカさんでもそう行動するのですか。

サチ先生　　　（んっ ?!）

係留 (Anchoring) と調整 (Adjustment)

では、少し別の話をします。これはトベルスキーとカーネマンが行ったある研究で使用されていたものです。対象者は以下の 2 つの群に分けられています。

1 つの群は、アフリカの国々で国連メンバーとなっている割合は「45% より上だと思いますか、それとも下だと思いますか？」と尋ねられた人たち。

そしてもう 1 つの群は、「65% より上だと思いますか、下だと思いますか？」と尋ねられた人たち。

どちらの群も、それぞれに上記について尋ねたのちに、「実際に何 % だと思いますか」と具体的な数字を尋ねるというものです。

さて、結果はどうなったと思いますか？　元々、アフリカの国々が国連メンバーとなっている割合を正確に知っている人は少ないと思われますが…。

大変興味深いものになりました。初めに「45% より上だと思いますか、それとも下だと思いますか？」と尋ねられた群の人たちは、「65% より上だと思いますか、下だと思いますか？」と尋ねられた人たちよりも、低い数値をあげる傾向が見られたのです。人間は、不十分な情報を手がかりになんらかの意思決定を求められた場合、特定の情報に対して過度に注目する傾向があることを示しています。

この場合、「45%」や「65%」という情報に注目してしまった。その結果、数字の低い「45%」という情報が与えられてしまった人たちは、「65%」という情報が与えられた人たちと比べ、低い数字をあげたと考えられています。

このような現象を「係留 (Anchoring) と調整 (Adjustment)」と言います。ある特定の情報がアンカー、つまり船のいかりのように放たれる。するとそのいかりの周辺を船が漂うように、意思決定をしようとしてしまいます。

実際、私は皆さんに同様の実験を既にしています。私は「宿泊教室の時以来、気になることがある」という、不十分な情報を放ってみました。すると、皆さんは「気になる」という情報に注目した。そして、ここにいる全員がこう考えた。「宿泊教室で、何か気になる問題が起こっていた」のだと。

ナガオカ先生　ということは、私は不十分な情報にいかりが放たれ、まんまとその周辺で「問題」を探し、漂い始めていたということですね。

アソカワ教授　さすがに鋭いですね。ナガオカさんは、私の放ったいかりの周辺を漂い始めた。他の教師に、当日あった当該児童の気になる情報を集めて回り始める。するとどうなるか。皆、不十分な情報をもとに「ナニが気になった、カニが気になった」と話してくれる。おそらく気になった情報、なんらかの問題に関わる情報しか集まらないでしょう。

ナガオカ先生　つまり、私はある意味、不確かな情報を手がかりに、様々な具体的な行動を起こそうとしていたことになりますね。

アソカワ教授　あなたのように慎重に物事を判断しようとする人間でも、保護者は宿泊教室のクレームを言いにくると思い込んでいた。折角なので、ナガオカさん、もう1つ質問に答えてください。あなたは今、保護者はクレームを言いにくると思っています。実際に、保護者と面談した時、あなたはなんと言って、話を切り出すでしょうか。

ナガオカ先生　アソカワ教授のご想像の通りだと思います。私は「宿泊教室での件、何か私に至らないことがありましたでしょうか」と尋ねるでしょう。もしかしたら、何も明らかになっていないにも関わらず、謝罪してしまうかもしれません。

アソカワ教授　となると、あなたの一言に保護者はどう反応するでしょうか。保護者は、宿泊教室に同行しているわけではありません。初めから宿泊教室で子どもに何があったかなんて不確かで、不十分なことばかりですよ。

ナガオカ先生　私の放った一言は、保護者にとって「係留 (Anchoring) と調整 (Adjustment)」となる。そして「私の至らなかったこと」に不信感を抱く。そして、この話し合いは学校で起きたトラブルについての話し合いになります。

話し手、聞き手？

心の底にあるものと、表に出すもの……

ナガオカ先生とアソカワ教授が、知り合いだった?! 接点がないはずの2人がどこで、どう知り合ったのだろう。人の縁とは不思議なものだ。

それにしても、アソカワ教授には、これまでにも情報を集めることが大事だと言われ続けてきた。でも、不確かな思い込みの中で、いくら情報を集めても、それでは何の役にも立たないということらしい。相手の話をまずは聞き、相手の価値観を尊重することも大事だと言われ続けてきた。でも、不用意なこちらの一言が原因で、相手の「どこ」を刺激してしまうかはわからない。保護者は学校に対して、様々なことを考えているはずだ。そしてそれは必ずしも、学校にとって都合の良いことばかりではないだろう。

だとしたら、どうすればよいのだろう。先入観をもたずに話し合いを始めるということが、大事なことだということはわかる。でも、それが一番難しい。何も考えない、真っ白な状態で話し合いに臨めということなのだろうか。そこをもう少し明確にしてほしい……。そうはいっても、アソカワ教授のことだ。Howto について話してはくれないだろう。

ちなみに今回の研修に参加していた全ての先生が、この話し合いを「何らかのトラブル」があったと考えていた。だから、このまま学校をあげて、「宿泊教室で発生した、トラブル」に対応することになっていったはずだ。でも、もし誰か1人でも、「まずは、保護者の話を聞いてから……」と言っていたらどうなるのだろう。変わったかもしれない。「まずは、不用意な一言は話さないようにしましょう!!」、そんな確認をすればいいのだろうか。

それでも、私たちの心のモヤモヤは解消されない。私たちは、どうやって話し合いを始めればよいのだろう……。

ヒロシ先生　　アソカワ教授。私は、保護者との話し合いに自分自身の先入観を もち込まないように心がけるようにしています。「良い話し合いになる」と思い 込むようにしています。けれども、正直なところ、心の底では「トラブルについ ての話し合い」になると思っています。ここは、どうにもなりません。

アソカワ教授　　本音がどのようなものであるかということは、この際どうでもよ いのではないですか。心の底にあるものと、あなたが態度として、あるいは言葉 として表に出すものを分けることができているのであれば、それでよいのではな いでしょうか。

ヒロシ先生　　心の底にあるものと、表に出すものを分ける……。感覚として、 それは意識しています。保護者との面談での初めの一言は、どちらかというとす ぐに本題に触れず、少しはぐらかした、子どものこととは関係のない話から入る ことが多いです。

アソカワ教授　　例えば、天気の話ですか？

ヒロシ先生　　そうですね。多いかもしれません。他にも「お仕事、お忙しいん じゃないですか」など労う。「今日は時間を作っていただき、ありがとうござい ます」とお礼を伝える。そして、その子の最近伸びているところや、学級での活 躍の様子などを話す。これが導入部分になります。

サチ先生　　（へぇ……。ヒロシ先生には、話の入り方のフォーマットがある のか。そういうことを１つ、自分でももっていればいいのか……）

アソカワ教授　　無難ですね。それでよいのではないでしょうか。

ヒロシ先生　　そして、本題に入っていきますが、私も先ほどのナガオカ先生の 話のように、宿泊教室で起こった「気になること」の話題に入ると思います。こ こでの具体的な入り方が知りたいのですが。

主語が保護者に……

では、話の入り方について、もう少し考えていきましょう。

相談業務のような仕事をしていると、時々不思議なことを経験します。ある保護者の初回相談の時のことです。相談の主訴は不登校と聞いていた。お子さんはその場にはいなかったので、まずは子どもの情報を集めたいと考えました。1時間という限られた時間ではあったけれども、その子の趣味まで知ることができた。そして、この時点で、まず実践できることを助言しました。

ところが、その後、すぐに私の相談に対してクレームが入りました。その内容というのが「全然、話を聞いてもらえなかった」というのです。

そんなことはない。話なら、十分に聞いている。助言もしている。1時間という時間を丸々そこに費やしていたではないか。なぜそのようなことになっているのか、不思議に思った。でも、すぐに気がつきました。

私は、1時間という時間を使って、子どもの話をたくさん聞くことができた。でも、もし、この保護者が『「自分の話」を聞いてもらいたかった』とすると、この時間は全く逆の意味になっていたはずです。私は、この保護者の話を「全然、聞いていない」のですから。

事実、2週間後の相談の席で、保護者が今どのような想いでいるのか話を振ってみた。保護者自身について聞いたのです。すると1時間という時間のほとんどが、その保護者の話になった。自身の生い立ち、親との関係、夫の話、近所の話……。この時、子どもの話はほとんど出てこなかった。

つまり、この保護者は自分の話を聞いてもらいたくてここに来ていた。私は、保護者の話に相槌を打ちながら、時に労いの言葉をかけた。彼女は満足していました。子どもの話もしましたが、この日の主役は保護者でした。実際に相談業務をしていると、このような保護者が一定程度いることがわかる。

もちろん、この逆もあります。ただ、話を聞くだけで一向に具体的な対応に結びつかないような相談に「全然、相談に行った意味がなかった」と言う保護者もいる。「問題を解決したい」、そのための「助言を求めている」と言う保護者にとっては、話を聞くだけではかえって関係を壊してしまうのです。

なので、まずはここを見極めていくことが次のステップになるでしょう。

ヒロシ先生　「自分の話を聞いてもらいたい保護者」と、「子どものことで何らかの解決を求めている保護者」に分けられる……。これは、わかります。私も、アソカワ教授と同じような経験があります。

アソカワ教授　なので、ここを見極めるためにも、やはり話に耳を傾ける。

サチ先生　具体的には、どのように見極めればよいのでしょう？

アソカワ教授　おぉ、あなたもいたのですか。静かにしていたのでわからなかった。

サチ先生　私も職員なので。今の話は結果的に「話を聞いてもらいたい保護者」だったことがわかった。でもアソカワ教授は、初めから気づいてはいなかった。クレームが来なければわからなかったのではないですか？

アソカワ教授　そうですね。初めから、そういう視点をもっていれば失敗はしなかったでしょう。なので、そこが見極められるまでは話を聞きます。

サチ先生　では、見極めるポイントはどこになるのでしょうか。

アソカワ教授　話を聞けばわかりませんか？　教育相談や面談は、子どもの話で始まる。でも「話を聞いてもらいたい保護者」の場合、話の主語は保護者自身に変わっていく。保護者自身が「辛い」「大変」「困った」と。そこを汲み取っていけば、保護者自身が問題を抱えていることに行き着くことがある。もちろん、複雑で単純化できないことも多くありますが。

サチ先生　それって、保護者の相談になっているじゃないですか！

アソカワ教授　いいじゃありませんか。保護者の相談だとわかったのです。それがわからなければ、何を解決しようとしているのか、わかりませんから。

社会資源を有効に活用するために？

学校は相談窓口……

　保護者が児童生徒ではなく、保護者自身の相談をもち込むことがあるという。実際、さっきの宿泊教室の事例には続きがあった。それは次のようなものだったという。これは保護者側からの面談時の話で明らかになったそうだ。

　先日、私の子どもが、宿泊教室に参加しましたが、それ以来、夜になると「怖い、怖い」とべそをかき、私たちに甘えるのです。同居の義母は、そんな孫に対して「いつまでもめそめそしているんじゃない」と怒鳴りつける毎日です。担任の先生に相談したいと思い、連絡したのですが残念なことに不在でした。そこで教頭先生に伝言を頼みました。夕方になって、担任の先生から電話が掛かってきました。ところがその時は、あいにく、義母が側におり、私の電話の内容に耳を傾けていました。具体的な話は、お会いした時にと言って電話を切りました。義母は孫の話になると「お前たちの躾は甘い」と、私たち夫婦を責めます。最近は、それに疲れており私も毎日イライラしています。

　これは「嫁姑問題」だ。学校へのクレームなどではなかった。このままではいずれ義母と一触即発の様相を呈しているといったところなのかもしれない。そのイライラが溜まっている。誰でもいい、聞いてほしい。少し吐き出すことができればということなのだろうか。話すことでスッキリして帰っていくのだろう。学校へのクレームだと受け身を取ろうとする前に、こういう話も中にはあることも想定しておかなければならないということなのだろう。

　まずはじっくり話を聞いてみる。勝手な憶測で、話を進めていくことへのリスクについて言っているのだろう。

アソカワ教授　家庭内の話を学校にもち込むことに困惑してしまう教師は多い。特に、若い教師にとってはこうした話はなかなか実感がないでしょう。然るべき対応ができるところにつなぐ方がよいのかもしれません。ところが、こうした家庭内の相談に気軽に乗ってくれる相談機関は見当たらない。嫁姑問題は、どこに相談に行けばよいのか、答えられる方はいますか？　問題解決までの筋道が立てられる方はいますか？　……おられないようですね。

ナガオカ先生　その分、学校がワンストップの相談窓口になってしまうということでしょうか。深刻な問題であれば、相談に応じるべきだと思います。でも私たちの時間も限られています。児童生徒の相談ならともかく、保護者の個人的なストレスまで吐き出されては身がもちません。

アソカワ教授　私もそのように思います。でも、放置しておけば学校との問題にすり替わって、想像以上の心理的負担と時間を取られてしまう。また、聞いておくことで、子どもが生活している環境を情報として知ることもできます。これは教育に活かせる情報になるのではないですか？

ナガオカ先生　それは否定しません。しかし「自分の話を聞いてもらいたい保護者」についてまで、学校が対応することは違うと思います。何もかも学校が背負い込むことが、問題なのだと思います。なぜ学校がブラックだと言われているのか。こうした対応に時間を割かないといけなくなったからです。

アソカワ教授　確かにそうですね。私は、教師の皆さんの時間は限られた社会資源だと思います。それをこのまま「相談タダ乗りし放題」のままでいけば、その資源はいずれ枯渇するでしょう。「コモンズ（共有地）の悲劇」と言われている状態です。それが、今、置かれている学校の現状なのだと思います。

ナガオカ先生　そうです。そうなります。アソカワ教授は、こうした問題にどのように対処できるとお考えでしょうか。私は、この点についてアソカワ教授のお考えをお聞きしたい。私たちは、正直、疲れ切っています。

負担を減らすために……

私の考えを聞いたところで、本質的な問題は解決しないと思いますが、まぁ、いいでしょう。

まず、これまでいくつかの相談を受ける中でこんなことがありました。私も忙しい。人の話を聞く元気も湧いてこないことはあります。特に「自分の話を聞いてもらいたい保護者」の話はね。

そこでその日は「30分くらいしか、お話を聞く時間が取れなくて申し訳ない」と初めに断っておいた。普段は、1時間以上軽く話し込んで帰っていく。そうなると30分という時間設定は、この保護者にとって決して十分なものではないことはわかっていた。時間を設定したものの、きっと軽く時間は過ぎてしまい、その後もダラダラと付き合うことになるのではないかと内心諦めていた……。

ところが、実際は違った。30分にはまだ数分の時間を残していた。それにも関わらず、この保護者は「そろそろ時間ですね。すみませんでした、お忙しいところ。今日はありがとうございます」と話を自分から切り上げた。もちろん私も「十分な時間が取れず、申し訳ありません」と詫びた。時間は守られた。相談の頻度が、それによって増加することもなかった。地道に信頼関係を構築し、なおかつ結果的に相談時間は削減できた。

他にもメリットがあった。保護者の話から、家庭内の状態がどのようなものなのかがわかってきた。情報の蓄積によって、保護者の精神状態が不安定になっている場合は、予め察知できた。深刻な話は、問題も焦点化しやすくなった。つまり紹介すべき関係機関が明確になる。即座に、保護者が関係機関の支援をもらえるように手配した。大抵のことは、問題が複雑化してから動く方が、人的、時間的コストは大幅に増える。早期に様々な支援機関と協働し、問題が複雑化する前に解決する。これで、将来起こるかもしれない大きな問題にかかる膨大なコストがカットできる。

もっとも、こまめに相談に応じなくても、また関係者と協働しなくても、そうした大事にはならないこともある。そう考えると、そこに費やす時間は、無駄になってしまうこともあるかもしれませんがね。

ナガオカ先生　そこです。無駄になってしまっていることへの心理的なダメージが大きいのです。

サチ先生　　　（いいぞ、ナガオカ‼　コストが実際に削減できていなければ、私たちはいつまでも辛いんだゾォ）

アソカワ教授　では聞きます。皆さんの心理的負担は、どうすれば解消されるのでしょう。保護者が学校に相談をもち込まないようにすることでしょうか。

ナガオカ先生　そうです。なぜ、学校なのでしょう。私たちは教師です。相談員ではありません。ましてや心理カウンセラーでもありません。

アソカワ教授　わかりました。その通りだと思います。ではナガオカさん、あなたは誰に保護者の相談を委ねるのですか。

ナガオカ先生　学校以外です。地域の人や関係機関の方々です。

アソカワ教授　具体的には誰ですか。

ナガオカ先生　保護者の相談内容次第です。私もよくわかりません。

アソカワ教授　それではワンストップ相談窓口にもなれませんね。いいですか。皆さんは、保護者自身の相談をどこに委ねるのかわからない。保護者もどこに行けばよいのかわからない。わからなければ、どうするか。知っているところに赴く。そしてわからないもの同士、いつまでも面と向かい続けることになる。先ほどの私の話で唯一、大事なポイントはどこか。予め察知した深刻な事態に対して、関係機関と協働するところです。問題の所在がはっきりすれば、どこにつなげばよいかわかるでしょう。紹介された関係機関は動かざるを得ない。その機に乗じて、学校の外に負担を分散させる。つまり、皆さんにとっても、社会資源を幅広く活用するきっかけが、その時にできるのですよ。

相手に届くことば？

いずれの支援もなされていない！

アソカワ教授に対するナガオカ先生のツッコミは、保護者対応に追われる私たち教師のモヤモヤの溜飲を下げるかのように思われた。でも、アソカワ教授の話は、今の学校が置かれている状況は、地域に仕事を振り分ける技術がないことに原因があるという。論破されてしまった感は否めない。

保護者と学校の間のトラブルは、問題が比較的大きくなってから重い腰をあげる。学校では抱えきれないということが、誰の目にも明らかになってから、外部に助けを求める。でも、これでは遅い。負担は何倍にもなっている。

日頃から、ヒロシ先生は、少しでも気になることがあれば、すぐに「報・連・相」してくれと私に口癖のように言う。

これと同じことなのだ。保護者が、私たち教師に、児童生徒のことや、家庭での問題で少しでも気になることを「報・連・相」していると思えば、ここまでの話も納得できる。家庭で起こる様々な問題も、炎上する前に初期消火にあたることができる。

ただ、次の段階として私たち教師は、学校が「伝えたいこと」を、どのように保護者に伝えればよいのだろう。保護者の話だけを聞いていれば解決するわけではない。今回の研修のきっかけにもなったヒロシ先生が担任をしている児童の保護者の場合、どのように話を進めればよいのだろう。保護者が望んでいない内容について、私たちはどう話を展開していけばよいのだろう。利害が一致していればまだしも、一致していない場合はどうすればよいのだろうか。

そこに対する答えを、私たちはまだ聞いていない。だけれども、アソカワ教授はナガオカ先生との一連のやりとりで、すっかりへそを曲げてしまったようだ。器の小さい人物なのだ、アソカワ教授は。

アソカワ教授　次に示すのは文部科学省から 2022 年 12 月に公表されたデータです。「知的発達に遅れはないものの学習面又は行動面で著しい困難を示す児童生徒」のうち、「授業時間以外の個別の配慮・支援を行っているか（補修授業の実施、宿題の工夫等)」という問いに対して小・中学校で

行っている	29.1%
行っていない	67.2%
現在は行っていないが過去に行っていた	3.2%
不明	0.4%

ヒロシ先生　10 年前は通常学級に在籍している当該児童生徒が 6.5% だったものが今回は 8.8% になっていたというあの調査結果ですね。

アソカワ教授　今日する話ではそこを問題にしていません。私は、特別支援教育の現状について聞きたい。小・中学校では約 7 割の児童生徒に対して、授業時間以外での個別の配慮や支援について行っていないとはどういうことなのでしょう。学校は、これからどうするつもりなのです？

サチ先生　　　（げっ、やっぱり逆ギレしてる……）

ヒロシ先生　　確かに、そうですが……。十分に配慮や支援が行き届いていないという現状は、受け止めないといけないとは思います。私たちは、少しでも学校を良くしていきたいと考えていますが、なんせ時間は限られています。その中でいっぱいいっぱいになっているところもあります……。

サチ先生　　　そうですよ！　アソカワ教授 !!　そんな言い方ないんじゃないですか !!!　まるで私たちが何もしていないみたいに聞こえるじゃないですか。

ナガオカ先生　これは、フレーミングエフェクトです……。サチ先生、アソカワ教授のトラップに引っ掛かっています。

フレーミングエフェクト

ではここでトベルスキーとカーネマン（和訳は藤井と竹村によるもの）が行った研究を紹介しましょう。まずは、以下の話を読んでください。

アメリカで600人の人々を死に追いやると予期される特殊なアジアの病気が突発的に発生したとします。この病気を治すための2種類の対策が提案されました。

これらの対策の正確な科学的推定値は以下の通りでした。研究への参加者に対して、以下の対策Aと対策Bのいずれを採用するか、回答を求めました。参加者が実際に対策A、対策Bのそれぞれどちらを採用したか、結果を括弧内にパーセンテージで示したので見てください。

対策A: もしこの対策を採用すれば200人の人が助かる。(72%)
対策B: もしこの対策を採用すれば600人が助かる確率は1/3で、誰も助からない確率は2/3である。(28%)

対策Aを選択する人たちが多かったことがわかりますね。
それでは次の2つの対策であれば、皆さんはどちらを採用するでしょうか。

対策C: もしこの対策を採用すれば400人が死亡する。
対策D: もしこの対策を採用すれば誰も死なない確率は1/3で、600人が死亡する確率は2/3である。

トベルスキーとカーネマンの研究では、対策Cと対策Dの場合は、78%の人たちが対策Dを採用すると答えました。一方、対策Cは22%と、こちらは少なかった。ここで不思議なことが起こっていることにお気づきですか？
病気は600人死亡してしまうことが予期されているものだということを念頭に、対策Aと、対策Cをよく読み比べてください。

ナガオカ先生　対策Aと対策Cは同じことを言っています。「200人助かる」ということは、「400人は死亡する」ことと同じです。にもかかわらず、一方の表現に対して多くの人が採用し、一方では採用されにくい。

アソカワ教授　では、対策Bと対策Dはどうですか。

ナガオカ先生　こちらも一方は、「助かる」と言い、一方は「死なない」と言っていますが、同じことを言っています。届き方がまるで違っている。

アソカワ教授　では先ほど、皆さんを責め立てた内容を、少し表現を変えてみます。「現在、授業以外で個別の配慮・支援が提供できている児童生徒は、約3割になります。残り7割の児童生徒にも支援が行き届くようにするため、学校にはどのようなアイデアがありますか?」。さてどう聞こえますか?

サチ先生　まるで別の話を聞いているみたいです……。

アソカワ教授　では、別の例で考えてみましょう。知的障害のある児童について、保護者に特別支援教育の必要性を伝えたい。この場合の表現として、

　　提案1:「適切な支援がなければ、伸びない」
　　提案2:「適切な支援があれば、伸びる」

ヒロシ先生　これも内容としては同じことを言っています。けれども、異なる提案に聞こえます。私が保護者であれば、提案2を受け入れます。

アソカワ教授　同じことであっても、伝え方次第で、届くものと届かないものがあります。「できない」から必要なのではなく、「できる」ために必要なのです。特別支援教育は「できない」ことを理由に勧められることが多い。でも、そんな話は誰だって聞きたくない。皆さんの中にも、私の伝え方に「そんな言い方ないんじゃないですか!!!」とキレておられた人がいたように……。

第**4**章

「保護者の想い」
「私の想い」そして「学校」

話し合いの体制

「最高の何か」のために……

　アソカワ教授に講師をお願いした校内研修会の翌日から、私たちの学校は新学期を迎えた。いよいよ3学期だ。1年間の総まとめの時期に入る。

　その日の朝、私は子どもたちを迎えるため、教室の窓ガラスを全開にし、空気の総入れ替えをした。それから冷え切った教室を温めるために、暖房を入れた。この後、子どもたちが続々と登校してくるだろう。

　教室の扉に人影を感じた。そこに立っていたのは「選択性緘黙症」のあの児童だった。少し照れ臭さもあるのだろう。私も同じ気持ちだ。心が少し、くすぐったい。彼女はいつものように静かに席に座った。そしてランドセルからクリアファイルを取り出すと、今度は力強く立ち上がった。

　「おはよう」。私は、いつものように彼女に話しかけた。

　少し緊張した面持ちの彼女は、クリアファイルから1枚の絵を取り出した。

　「……センセイ……コレ。アゲル」

　オンラインで聞いていた声に比べると、か細くか弱い。でも教室の中で聞くその声は、紛れもなく彼女のものだった。私は初めて、彼女の声を教室の中で聞いた。その絵には、彼女の好きなアニメのキャラクターが描かれていた。

　「……可愛いね」。そう言うのがやっとだった。涙が込み上げてきた。

　「ウン」。そう答えると、彼女は椅子に座った。子どもたちが次から次へと入ってきた。そして皆一様に、泣いている私に驚いた。

　「せんせい、だいじょうぶ?」そう声をかけてくれる。優しい子どもたちだ。

　「学校の先生ってね、学校で嬉しいことがあると、泣いちゃうんだよ」

　こんなに幸せなことが、学校では時々起こるんだ。私は、今、人生で最高の体験をしている。

サチ先生　　私、昨日からずっと心の中がホカホカです。今朝は、連絡帳にも保護者からこんなに……。いっぱいの感謝の言葉が書かれています。私、独りで取り組んできたわけではなくて、ヒロシ先生やナガオカ先生が協力してくれなければ、こんな体験できなかったわけで。そうだ、アソカワ教授もだった。すみません。はしゃぎ過ぎました……。

ヒロシ先生　　なんで謝るの。それって教師にとっては、最高のことじゃない。度々あることじゃないけど、この日のためにずっと地道に取り組んできていたんだから。いつまでだって喜んでいていいよ。

サチ先生　　でも、たくさんの人たちが私を支えてくれていたからできたことです。なんだか私だけが、一番いい想いを独り占めしているみたいで……。

ヒロシ先生　　それが保護者と担任の特権だよ。一番近いところで子どもたちの成長を見ることができる。

サチ先生　　そういえば、今日でしたよね。ムラカミくんの保護者との面談。きっと、いい話し合いになるはずです‼　彼にとっての、「最高の何か」を一緒に考えていくわけですから。

ヒロシ先生　　そうだね。アソカワ教授の話は、本当にありがたかった。僕は、たくさんの失敗の中で学んできた。それにお墨付きをもらえた気分になった。今回、学校全体でそのことを共有できたのも大きかった。教師側の一方的な片想いじゃダメなんだよね。想いを届けるためには、それ相応の技術が必要だなんて。それがネゴシエーション、つまり交渉術と言われるものの中にあったなんて、僕は想像もしていなかったから。

サチ先生　　アソカワ教授って、ちょっと変なところがあるんです。家電のセールスじゃあるまいし、学校に交渉術をもち込むなんて、普通の人にはない感覚ですよね。ところで、今日の面談はどのように進めるのですか。

「まずは僕が……」

　僕と保護者の信頼関係の問題があるからね。この前も話したけれど、僕はムラカミさんとは、一度関係を壊している。壊れてしまったものを容易に修復などできない。それも痛感している。といって、この1年はともかくとして、それまでの間、僕はこの問題を見て見ぬ振りをしてきた。これはもっと最悪なことだ。何か言える立場じゃない。学校が1つのチームになっていないと、いずれ誰かがそのツケを払わされる。もう「いずれ」なんて言える段階じゃないね。彼はあと数か月で6年生になる。確実にその時はやってくる。とても大きな、容易に返済できそうにないツケがね。このツケを払う。それを今から僕が始める。だから、まずは僕のことから精算する。

　これも5年前の自分の未熟さが招いたものだ。だから、そこは謝ろうと思う。でも正直、自分のどこに誤りがあったのか、本当のところ、はっきりとはわかっていないんだ。あの時は、就学して間もなかったから保護者のことを何も知らなかった。保護者が僕との面談に、何を求めていたかなんて、その時はまったく考えてもいなかった。

　それも含めて、まずは保護者の考えや、想いにじっくりと耳を傾けたいと思う。その話を伺った上で、自分の間違えがどこにあったのか、それを確認しようと思う。

　それと、この前のアソカワ教授の話を聞いていて思ったことがあるんだ。未熟とはいえ、僕もそれなりに児童への想いはもっていた。そこを、僕はちゃんと伝えられていたのかなぁって。今となっては自信がない。

　もし技術がなかったことが理由であるならば、アソカワ教授の話を活かしていこうと思う。フレーミングエフェクトについて、僕は知らなかった。誠意をもって話せば、言葉は届くものと信じていたからね。

　そこから、僕は保護者と一緒に考えられる限りの、その子にとっての未来について、制限なく、そして思いつくままに出し合いたいと思う。どんなことが飛び出してくるのか、個人的な興味もあるけれど、それよりも何よりもワクワクするじゃない。僕らはいつも、できない理由を先に探してしまうところがあるからね。これが僕のプランかな。

サチ先生　　ヒロシ先生、少し気になるのですが……。「学校が1つのチームになって」と言っている割に、そのようには聞こえませんでした。

ヒロシ先生　　「まずは、誰かが始めなければ」って思ったんだけど。それをまず僕から始めようと思っているのだけれど、ダメかな？

サチ先生　　ダメだと思います。まさかとは思いますが、先生お1人で面談されるつもりでいますか？

ヒロシ先生　　そうだけど、なんで？　個別面談って、まずは担任が話を聞くと思うのだけれど？

サチ先生　　5年分のツケがあるんですよ。アソカワ教授も、そこのところは第三者に入ってもらった方がよいと言っていたじゃないですか！

ヒロシ先生　　そうはいっても、いきなり校長というわけにはいかないよ。

サチ先生　　それはわかります。この前、受けた初任者研修で教育委員会の指導主事が、学校と保護者の仲介をしたという事例が報告されていました。その方に、この話し合いの仲介に入ってもらったらどうでしょうか。

ヒロシ先生　　……間に合わないよ。それに僕には解決する力がないみたいじゃない。いきなり第三者っていうのも、どうだろう。まだトラブルになるかもわからないわけだし。保護者も、かえって警戒してしまうんじゃないかな。

サチ先生　　違います、そんなことじゃないんです。アソカワ教授の話って、ある点で、一貫しているんです。それは「したたかさ」です。というより「あざとい」。一つひとつ、抜かりなくやっていく。今回については、話し合いの体制を作るべきです。リスクを減らしながら、確実に前進していくためにも慎重であるべきです。ヒロシ先生が今回失敗したら、もう取り返せないんですよ‼

誰にもぶつけられない想い

話し合いを、うまく進める自信がない

　ヒロシ先生の保護者面談は、結局、話を聞くということだけで終わってしまったらしい。1人で臨んでしまったことも相当、後悔していた。

　次回は、教育的な配慮や支援についての話し合いをすることになったことから、それに詳しい教育委員会の指導主事にも入ってもらうとの承諾は得たという。そして、話し合いの大事な記録を残すために、記録係として、この私が同席することの許可をもらったようだ……?

　寝耳に水だが、校長も許可したらしい。でも、面談の席に入れることは、私にとっても大きな経験になる。

　他にも、特別支援教育コーディネーター担当がサポートに入ることになった。彼女は特別支援教育についての造詣が深い。でも大勢で面談に入ることで、保護者のプレッシャーになってもいけないことから、主に後方支援にあたってくれた。ムラカミくんは、これまで特別支援教育を受けていない。「個別の指導計画」も「個別の教育支援計画」も作られていない。そこで特別支援教育コーディネーターの先生は、過去4年分の指導要録を再度整理し、ムラカミくんの学びの実態と、考えられる必要な支援を具体的にまとめてくれた。

　コレまでにムラカミくんの担任をした経験のある者は、皆、その当時を振り返っての印象をまとめてくれた。主に、彼が教室の中でどう頑張ってきたか、そしてどういうところでつまずきがあり、その時、どのような配慮や支援をしてきたのか、具体的に書き出してくれた。

　皆、この5年間をそれぞれ横目で気にしながらも、何もできずにいたことに一抹の罪悪感もあるようだ。

　学校が1つになっている。こんな感覚を私は初めてもった。

ヒロシ先生　　サチ先生の言う通りだった。僕は、どこか自分を過信しているところがある。教師は互いに支え合うべきだと、いつも口では言っていても、いざ自分のこととなるとそれができていない。情けないね。

サチ先生　　そうでしょうか。私なんか、自信がないから変におびえています。でも結局、最後は自分が何をしてきたかということに尽きると思います。そこで足りていないものがあれば、助けを借りながら一つひとつ積み上げていく。もし、その積み木が崩れてしまったら、また積み直せばいいんです。

ヒロシ先生　　記録係をお願いしたのは、サチ先生のそうした姿勢を見習いたいからなんだ。サチ先生から見て、僕に足りていないところを教えてほしい。

サチ先生　　そんな、教えるだなんて。私には、そんな力はありません。

ヒロシ先生　　じゃ、教えてくれなくてもいい。率直な感想を聞かせてほしいんだ。今回、保護者と話してみてわかった。僕はどうしても教師の立場から物を見ようとしてしまう。サチ先生は、その点、変な垢がついていないから。

サチ先生　　そんなものですかね。私の教師としての目が、まだ未熟だということは認めます。でも、少しずつですけれども、学校という組織の中での考え方のようなものはわかってきました。今回については保護者の立場、教師の立場でそれぞれにムラカミくんの最高を提案していけばよいと思います。

ヒロシ先生　　……正直、僕はこの先の話し合いをうまく進めていく自信がないんだ。保護者に、少しでも厳しいことを言われると、どこかで妥協しようとしている自分がいる。そういう心理状態で、本当に彼の未来を考えてあげられるか不安なんだ。

サチ先生　　ヒロシ先生、保護者の方と何を話されたのですか……。私も面談に入る以上、知っておいた方がよいのではと思うのですが。

「私が一番わかっている……」

　ムラカミさんとは、１学期末にも既に一度、面談をしている。

　その時、僕は年度初めのいじめの一件を話さなかった。他の児童への指導を徹底していたということと、それ以来、いじめに該当するようなことも無くなっていたから。そして、僕が前回担任だった１年生の時のことも、触れずにいた。とても、不自然な面談だった。僕は何もなかったかのように、ペラペラと話し始めたんだから。彼が１学期の間で、どれだけ成長したのか、そんなことを中心に話していた。饒舌に振る舞う自分が少し滑稽だったよ。

　ムラカミさんは、それを黙って聞いていた。厳しい表情だった。見るからに怒りを抑えていた。家庭での様子についても、聞いてみた。けれども返ってきたのは「別に……」の一言だけだった。

　そして昨日の面談だ。これは、当初、２学期末に予定していた。けれどムラカミさんの親戚にご不幸があって延期になっていた。僕は面談の冒頭で、お悔やみを申し上げた。ムラカミさんからも丁寧な返礼があった。ごく普通のやりとりに内心、胸を撫で下ろした。

　１学期末の面談と違って、今回、僕は恐る恐るこう切り出した。来年度は、最高学年を迎える。中学校の進路も含めて、彼のために一番良い教育は何かを一緒に考えていきたい。まずは保護者の希望を聞きたいと。

　「別に……希望はありません」

　目の前が真っ暗になったよ。僕は保護者の話にじっくり耳を傾けようと思って臨んでいる。でも、その声が聞けないんだ。何も変わっていなかった。沈黙が続く。僕は、何か言わなければと必死で言葉を探した。でも、見当たらない。良い話し合いになるのだと、いつものように必死に思い込もうとした。けれども、言葉が、何１つ出てこない。

　「学校は……」

　ムラカミさんが口を開いた。一言一言を噛み締めるように訥々と……。

　「学校は……何もやってこなかった。うちの子ができないんじゃない。ずっと学校は……何もやってこなかった。その学校が、今になって何を一緒に始めたいというのですか？　中学校にあがるからですか……」

サチ先生　サンクコストですか……。でも、それとはちょっと違うような感じがします。

ヒロシ先生　僕もそう感じた。ムラカミさんは、もっと早くから学校と一緒に、子どものことを考えたいと思っていたのだと思う。けれど、一方で学校は、保護者から切り出してくるまではそっとしておこうと……。

サチ先生　そのことに対しての抗議だった……。

ヒロシ先生　それから、5年前のことも話してくれた。当時のムラカミくんは、保育園でも発達の支援を受けていた。就学に際しても特別支援教育の話が出ていた。ムラカミさんも、特別支援教育の必要性は十分に理解していたそうだ。でも、父親と義祖父母がそれに強固に反対した。だから家族の結論としては通常の学級を考えていることを相談員の先生に伝えたと……。

サチ先生　もしかして、今度は相談員からそれを反対された……。

ヒロシ先生　そう。結局、板挟みになってしまった。そこからまた、家族とは連日のように話し合ったそうだ。というより、毎日、喧嘩が続いた。そんな両親の様子を見て、子どもたちも不安定になっていく。「このままでは家族が壊れてしまう」、そう感じたそうだ。父親は、そうした状況に耐えかねて、最後には「うちの子を差別するのか」と怒鳴り込んだ。この時、通常の学級に行くことが決定した。こんなことがあったなんて、僕はこれまで知らなかった。

サチ先生　そして、入学してヒロシ先生が担任になった。

ヒロシ先生　あの時、僕がムラカミさんに寄り添っていれば、今、こんなことにはなっていなかった。それなのにあのころの僕は、話を蒸し返していた。「そんなことは、私が一番わかっている」。そう言って、ムラカミさんは両手で顔を覆い、嗚咽した。僕は、その時のことを今でも鮮明に覚えている。

保護者の期待

あの時は誰でもよかった……

　ムラカミさんは、面談の最後にこう言い残していったそうだ。

　「5年前のあの時に、私は先生にひどいことをたくさん言いました。義祖父母が地域の目を気にして、ありのままの孫の姿を受け入れてくれなかったからです。夫は子どもの保育園での姿を、全く知らなかったからです。私が置かれている状況を、相談員の先生は想像もしてくれなかったからです。そして、最後に私の気持ちを逆撫でしたのが、先生、あなただったからです。あの時は、誰でもよかった。私のどうにもならない気持ちを吐き出せれば……」

　私も、「保護者」や「家族」を一括りに考えていた。でも保護者や養育者、支援者には、それぞれに様々な想いがあり、必ずしもそれは1つにまとまっているわけではない……。ムラカミさんは、それを一括りにされてしまった。夫やその他の家族、そして学校、相談員などに挟まれながら、自身の考えと、周囲の意見の対立の中で葛藤していたのだろう。誰が正しく、誰が間違っているわけでもない。皆、それぞれに子どもの未来を考え抜いてのことだったはずだ。ただ、それら全てのベクトルが、ムラカミさん1人に向かって行ってしまったのだろう。それを背負って1人苦悩していたのだろう。一体どれほどのものだったのか、私には想像できない……。

　それに対して、私たちはあまりに無知だった。保護者が特別支援教育に理解を示していないと思い込んでいた。このままではいずれ、どこかで限界が来る。「その時になれば、わかってくれる……」。そう考えていた。それなのにだ。「その時」がいつ来たのか、それすらもわかっていなかったのは私たちの方だった。本当に必要だったことは、突き放すことでもなく、離れて見守ることでもなく、寄り添っていることだったのに。

ヒロシ先生　　制度上、進路について一定の結論を出す期日が決まっていることは、仕方がないと思う。でも、人の心はそのスケジュールに沿って動くものでもない。整理がつかないまま、宙ぶらりんになってしまうことだってある。僕は、そんな様子を見て「子どもに向き合っていない」と思っていた。周囲の就学前の保護者たちは、多種多様な色のランドセルをどれにするかということで悩んでいた。ところが、障害のある子どもの保護者が直面するのは、それではない。そういうありふれた日常に、無理矢理、ギュッと蓋をされてしまう。そして得体の知れない何か違ったものを、心の奥底に押し込んでいく。

サチ先生　　どういうことなんでしょうか。私、ヒロシ先生の話がよくわかりません。得体の知れないものってなんですか？

ヒロシ先生　　障害のある子どもたちを育てている保護者に、ある１つのイメージを押し付け、そのように振る舞っていなければならないという心だよ。

サチ先生　　やっぱり、なんだかよくわかりません。これまで、保護者への対応については、たくさんの話を聞いてきました。その中で、私は教師としてまずはやるべきことがあること、それにより信頼を得ることの大切さを知りました。その上で、教師という立場から、子どもたちの最高を考えていく。一方で、保護者は保護者の立場でベストを考える。お互いに、それを出し合う中で、それまでに考えも付かなかった「もっといいもの」を創造していくことだと考えられるようになりました。でも、そうじゃないということですか……。

ヒロシ先生　　そこは、その通りだと思う。それよりも、もっと大事なことを頭に叩き込んでおかなければいけないということ。双方に、教師でも保護者でもなく「１人の人」でなくてはいけないっていうこと。

サチ先生　　それは当たり前のことだと思うのですが。「障害のある児童の保護者」という表現に誤りがあると？

見えないプレッシャー……

　表現のことじゃない。僕たちが、いや社会と言った方がいいかな。障害のある児童生徒の保護者に、何を求めてきたのかということなんだ。

　僕が、特別支援学級で肢体不自由の児童の担任をしていた時のことは少し話したことがあると思う。これもその保護者の話だよ。肢体不自由児の介護は、肉体的にも精神的にも大変だということは聞いていた。帰宅してからは、食事にも長い時間がかかるし、寝ている間も何かと気になって、数時間おきに目を覚ましていたそうだ。だから、身体的、精神的負担は大きい。それがピークに達していたんだろうね。「いつも寝不足だ」と口癖のように言っていたし、メンタル面でも辛いと話すようになった。僕は、そんな保護者の様子を見て、励ますつもりでこんなことを口にしてしまった。

　「たまにはおしゃれをして、買い物へ行くとか、喫茶店でゆっくり読書でもしてください。自分のために時間を使うことも大事なことですから」

　保護者は、少し戸惑ったような表情になってこう言った。

　「先生、障害児の親なのです。私たち障害児の親って、マニキュア塗って、おしゃれして出かけるとか、なんかそういうことできないっていうか……」

　彼女は、いつも子どものために一生懸命である姿を求められているという。そういう、目には見えないプレッシャーを感じながら暮らしている。だから自分の子どものことを忘れて、１人気晴らしなんて、してはいけないことなのだと考えていた。

　他にも、こんなことがあった。発達障害のある子どもの保護者たちが、勉強会を開催していた。僕もそこに参加した。ある大学の先生が、「自己選択、自己決定が大事です。そういう機会の提供を保障していくことが、子育ての中でも求められています」そういう内容の話をした。講演が終わって、僕の周囲にいた発達障害のある子どもを育てている保護者たちは、口々に「良い話だった」と満足していた。ところが、１人の保護者がこんなことを言い出した。

　「でもさ、私たち親もさ、そもそも自己選択、自己決定の機会って……これまでなかったよね。もう選べないっていうか、そんな感じだったよね」と。ムラカミさんの話を聞いて、僕はこの時のことを思い出していた。

サチ先生　　子どもに障害があるが故に、ある画一的な生き方を、社会の側から暗黙裡に求められているということでしょうか。そのイメージに沿っていれば、「頑張っている」保護者。逆に社会がはめ込んだイメージに合わない保護者は、「頑張っていない」と決めつけてしまう。でも、そういうことって、間違っていますよね。

ヒロシ先生　　ある保護者が、子どもを福祉サービスに預けて、カラオケに行っていたことがあったんだ。そのことを知った、ある年配の他の保護者たちが福祉サービスを使って、自分たちが遊びにいくなんてと責め立てた。レスパイトサービスといって、介護を休むためのサービスだったにも関わらず。

サチ先生　　私ちょっと悲しくなってきました。おしゃれして買い物行ったっていいじゃないですか。自分の時間なんですよ。気晴らしにカラオケ行ったって、誰かに何か言われる筋合いないです。自由に使っていいはずです。

ヒロシ先生　　そう。「1人の人」として、それは当たり前のこと。自由だ。ところが、それを選べない一本道にしているのは誰なんだろう。僕たちのように「教育」や「支援」を振りかざしている人間なのかもしれないって……。

サチ先生　　……本当にそうでしょうか。そう思い込んでいるのはヒロシ先生です。私は、なんだか、違うのではないかと思います。障害のある人たちや、その保護者に対して、確かに画一的なイメージを押し付ける。そういうことは、あるように思います。でも学校は、どうでしょう。障害のある児童生徒にとっては、むしろ選択肢は多くあるのではないでしょうか。特別支援学校、特別支援学級、通級、通常の学級がある。ヒロシ先生は、もしかして初めから特別支援学級しか選択肢がないと思い込んでいませんでしたか？　それを押し付けようとする自分の姿を、嘆いているだけのように見えますよ。

ヒロシ先生　　確かに……そうかもしれない。そうだ。選べるんだ。そこに自由はある‼　明日の面談の入り口、僕はまた間違えるところだった。

共に生きる

学びの場……

　「学校教育法施行令第22条の3」というものがある。ここに「障害の程度と判定方法」というものが示されている。この基準に該当すると、例外はあるが「原則」、特別支援学校に就学することになっていた。10年ほど前までは、そうなっていた。でも平成25年9月に、この施行令が改正された。どう変わったのか。この基準は、特別支援学校に「入学が可能な障害の程度」を示しているということになった。つまり「特別支援学校に通うことができる」基準になった。もちろん、合わせて、教育的ニーズ、学校や地域の状況、本人や保護者、専門家などの意見を総合的にみて、就学先を考えることになる。

　他にも、平成25年10月に「障害のある児童生徒等に対する早期からの一貫した支援について（通知）」が出された。ここには「特別支援学級」や「通級による指導」の対象となる障害の種類や程度が示されている。もちろん教育的ニーズ、学校や地域の状況、本人や保護者、専門家などの意見を総合的に見る点は一緒だ。

　今回の面談から加わった教育委員会のシバタ指導主事が説明してくれた。多少、事務的にも感じられるが私たちが共有すべき大事なことだ。

　障害があるからという理由で、「学びの場」が決まるということではない。ヒロシ先生は、間違えていた。「選べない」のではなく、「選ぶ」のだ。あんなに障害のある児童生徒の人権が大事だと話していたのに間違えた。私たちは、所々ズレる。頭では、障害のあるなし関係なく共に暮らし、共に学べる学校にしていきたいと思っているのに……。ひとたび障害の状態、教育的ニーズ、今ある地域や学校の現状からものを見始めると、どんどんとズレていく。オレンジは、どう頑張っても1個しかないと思い込まされていく……。

ヒロシ先生　先日のお話を伺って、私も色々と考えてみました。今日は、お子さんが今よりも、もっと学校生活を楽しく送るために、学校ができることを考えたいと思います。

ムラカミさん　うちの子が、みんなについていけていないことは私もわかっています。色々とよくしてくれていることも、わかっているつもりです……。

ヒロシ先生　あれから今の彼が、どのような場面で活躍しているのかを改めて、観察してみました。そこで最近、気がついたことがあります。彼は下級生の面倒見がとてもいい。下級生の手伝いをする時、イキイキとしています。

ムラカミさん　先生……それはそうです。同級生の中では、いつも逆の立場ですから。みんなに手伝ってもらうことはあっても、自分が何かしてあげることはないでしょう。下級生の面倒見がいいというのは、単に、下の学年の子どもたちとであれば、馬が合うというか、そういうことなのではないですか。

ヒロシ先生　そうかもしれません。でも、下学年の活動を手伝うことで学べることもたくさんあります。確かに、ムラカミさんが言うとおり、同学年の子どもたちの活動の中では、彼の立場は逆転してしまいます。いつも助けられる側になっています。だけれども、そうでないことも学校の中では起こるということを知ってもらいたいのです。

ムラカミさん　知的に遅れているから……知的障害があるからということでしょうか。だから、あの子に合っているところで、そういうことでしょうか。

ヒロシ先生　いいえ、そうではなく、もっと彼らしい姿でいられる活動が、どこかにないかということです。

ムラカミさん　ならば、今いる教室の中で、うちの子どもが活躍できる活動を見つけてください。

５年生のプライド……

　確かに、そうです。ぜひ、そうした活動が増やせないか考えてみます。

　その前に、まず、学校での様子についてです。全ての教科に難しさがあるかというと、必ずしもそうではありません。図工などは、伸び伸びとしたいい絵を描きます。みんなが認めています。算数や国語、社会、理科となると、単元によって積極的に参加するものと、そうでないものが出てきます。私たちの教材の作り方をもう少し工夫することで、これについてはもっと増やしていけるところもあるかと思っています。今は一人一台、情報端末機器を手にしています。内容によっては以前と比べると、随分と興味をもって参加する活動が増えていますし。ただ、どうしても基礎学力の面や、抽象的思考力を必要とする内容になると、十分な状況にはありません。

　また、他の児童との意思疎通には若干、困難が見られます。タカダさんが、彼とみんなの間を調整してくれています。不思議なものですよね。彼が何に困っているのかが、彼女にはわかるようです。もちろん、彼女に頼り切りではいけませんし、他の児童も、彼との意思疎通をしっかりできるようにしていくことが私たちの課題です。そこは、もっと力を入れて取り組みます。

　ただ、この問題はお子さん自身にも学んでいってほしいところでもあります。最近の彼は、どうしても他の児童に対して腰が引けています。タカダさんがいなくなると、途端に引っ込み思案になります。私も、どうすればよいのか、ずっと考えていました。そのヒントになりそうなことが、下学年との交流の時間に見ることができました。彼が交流する学年のグループに、タカダさんはいません。その彼が、下学年の子どもたちの前で堂々としているのです。困っている子どもを見つけて、自分から手伝いにいくのです。

　高学年になると、下学年の子どもたちとの交流が増えていきます。上級生は誰もがみんな、下級生に良いところを見せたいと張り切っています。彼も同じです。上級生としてのプライドが、そうさせているのだと思いました。

　なので、先ほどのムラカミさんの「知的障害があるから、下学年の手伝いをさせたいのか」という問いについては、違います。むしろ、上級生としてのプライドをもっと伸ばしてあげたいというのが私の考えです。

ムラカミさん　先生は、いつも綺麗事を言います。現実に、同級生の中ではうまくいっていない。そう言っています。下の学年の子どもたちとならば、うまくできることもある。そう言っているようにしか聞こえません。

ヒロシ先生　私の伝え方に、気を悪くしたところがあれば謝ります。どこかに、そうした考え方がなかったかと言われれば、否定はできませんし……。

ムラカミさん　正直なんですね。表と裏。綺麗事と本心。それが人を傷つけることもあるのですよ……。

ヒロシ先生　私は、5年間という時間の中の育ちをみてみたいと思いました。そして5年分のプライドを、もっと伸ばしたいと思いました。最近の彼を見ていると、日に日に自己効力感が低くなっていくように見えます。教室の中では、活き活きとした姿を見ることが少なくなっています。これは、私たちの力不足だと思います。引っ込み思案になっている彼を、不自然に褒め称えて、引っ張り起こすようなことをしてきました。でも、そのことで一層、彼のプライドを傷付けているようにも思えてきました……。

ムラカミさん　下の学年の子どもたちに、うちの子はどういったことができるのですか。私は、その様子について何1つ具体的なことを知りません。

ヒロシ先生　すみません。ご報告していませんでした。掃除の時間に2年生のお手伝いに行った時のことです。バケツに水を汲む。2年生は、まだ体も小さく力もありません。水は少ししか汲めない。彼は5年生の中でも体が大きく力も強い。バケツいっぱいの水を汲んで、それを運びました。2年生は、「せんせいみたいダァ」と言って彼を称賛しました。その瞬間、彼の姿が変わりました。他の子どもたちのバケツも運び始めた。「重たいもの、運ぶよ」と言って。

ムラカミさん　……先生が書いた学級通信。この「5年生のプライド」。2年生との掃除の時のエピソード。ここに、うちの子の姿は描かれていますか？

保護者のねがい

どこで、どう暮らしていくのか……

　ムラカミさんは、カバンからファイルを取り出すと、それをおもむろに広げた。ヒロシ先生が発行している学級通信が大事に綴じられていた。頻繁に発行されていたそれは、かなりの厚みになっていた。

　「5年生のプライド」と書かれた記事がそこにあった。子どもたちの名前は、伏せられているが、書かれていたエピソードは、今、ヒロシ先生が話したものだった。

　それから、ムラカミさんは、ファイルの初めの方のページを開いた。春先に発行されたものらしい。「わたしのねがい」と書かれた記事があった。ある児童の声がそこには綴られていた。「いじわるをしたくない。いじわるしているところも見たくない。みんななかよくしていたい」。そんな内容が綴られていた。子どもたちの中のいじめの問題を、保護者と一緒に解決していこうとしていたころのものだ。色々な意見も寄せられていたようだが、詳細を私は知らない。でも、たくさんの保護者が、ヒロシ先生と一緒に「教室」を作ってきた軌跡が、そこにはあった。ムラカミさんはポツリとこう言った。

　「親としては、辛い記事もありました。でも、子どもたちの多様な個性を大事にしていきたいという先生のお気持ちは伝わってきました。うちの子が、他の子どもたちの中で、色々な経験をしていることもわかりました。今の話を聞いて、うちの子もみんなの中にいていいんだと思えました」

　それだけ言うと、しばらく沈黙が続いた。教育委員会のシバタ指導主事が、そのファイルを見せてほしいと言って、手に取った。

　ページをめくる音がしばらく続いた。そして、その手が止まった。

　「お子さん、このまま通常の学級で行くことは難しいかと……」

ヒロシ先生　　　ちょ、ちょっと待ってください。私たちは、今、そのことを話し合っているわけではありません。どこで教育を受けるかではなく、まずはこれから何ができるか、それを一緒に考えていこうとしているのです。

サチ先生　　　そうです。ムラカミくんの可能性を伸ばすためにも……。

シバタ指導主事　ですから、私もそのお話を。具体的な進路について、そろそろ検討して行く時期なのではないかと思ったもので……。個別に必要な学習をどのように提供していくかということを、学校も考えていかなければならないのではないかと。もちろん、その中で伸ばして行くべきところもあります。そうしたことを総合的に判断して、お子さんにとって最適な学びの場を考えていかれてはどうかと。私は口を挟む立場にはありませんが……。

サチ先生　　　（しまった！足を引っ張られてる……あざとい戦略、忘れてた。フレーミングエフェクトも、この先生、知らないんだった）

シバタ指導主事　特別支援教育について少しご説明しますね。ムラカミさんのお子様が通う予定の中学校には、現在、特別支援学級が設置されています。まだ今の段階では、なんともいえないのですが、継続して設置される……。

ムラカミさん　　その話はいいです。そのことを話すために、今日、ここに来たのではありません。私の子が、この先、どこで、どう暮らしていくのか。そのことを先生方に伝えたかったのです。だから、今日、面談に伺いました。

シバタ指導主事　私たちも、同じです。ですから、その、どこで学ぶことがよいのか、これからそれを話し合うわけです。その、あの事前に知っておいていただいておいた方がよいことも、先ほど話しましたが……。

サチ先生　　　でも今、ムラカミさん、「この先、どこで、どう暮らしていくのか」を伝えたかったと、そうおっしゃっていましたよね？

大事にしてあげたいこと……

　私は、親として息子がどこで、どう暮らしていくことが幸せなのかということをずっと考えてきました。今のクラスになってから、先生の学級通信で、息子が、みんなとどのような生活を送っているのか、その様子も伝わってくるようになりました。

　もちろん、いいことばかりでもなく、時にクラスの中でトラブルが起きていることも知ることができました。その中には、「息子がおそらく関わっているのだろうな」ということもわかる記事がいくつかありました。みんなとうまくいっていないことも、きっと沢山あるのだろうなということもわかりました。

　その解決に向けて、クラス全体でどう取り組んできたのかも、伝わってきました。親御さんの中には、メールで私を励ましてくれる方もいました。共に生きる社会にするには、どうすればいいのか、そのことをご家庭で話し合ったという方もいました。今まで、こんなことはなかった。うちの子だけではありません。たくさんの親たちが、私の息子も含め、教室の中の子どもたちを見守っていることを知りました。そこに息子もいるのだと思うと、少しホッとできるようになりました。

　私は、これまで「他の子に迷惑がかかっていないか」ということばかり、気にしてきました。でも、だからといって息子がこの教室からいなくなることがよいとはなかなか思えなかったのです。

　いいことも、悪いことも含めて色々な体験をしている。これは障害のあるなし関係なく、誰もが同じです。その経験の積み上がった先に、共に暮らす社会があると思っています。障害のない子どもたちや、色々な子どもたちと、関わりながら学ぶ経験を、私はいちばん大事にしてあげたいと思っています。

　もし仮に特別支援学級や特別支援学校に通うことになれば、息子は今とは同じ生活を送れなくなります。支援があった方がよいことも、息子の能力に合ったカリキュラムを考えていくことも、大事なことだというのもわかります。

　親の身勝手かもしれません。でも、一緒に考えていただけるというのであれば、お願いします。このまま障害のない子どもたちと一緒に生活しながら、息子にあった支援やカリキュラムを考えてもらうことはできませんでしょうか。

ヒロシ先生　　考えましょう‼　ムラカミさんの希望をもとに、一緒に考えていきましょう。私も教育に色々な夢をもっています。それを話しましょう。

シバタ指導主事　いや、そうはいっても法的にもできることと、できないことはあるわけですから……。保護者の方のご希望は「交流及び共同学習」の中でやっていけるのではないかと……。

サチ先生　　　他には、どのような可能性があるでしょうか？

シバタ指導主事　そうですね……道徳などを通じて、多様性を尊重する児童生徒の教育などに力を入れながらですね、共に過ごす時間を増やし……。

ヒロシ先生　　色々とご助言いただきありがとうございます。やはり制度や決まり事から入ってしまうと、学校と保護者が一緒に考える意味がなくなってしまいます。私の教室の中で、今やっていけることから考える。足りていないところを、どのように補っていくのか、アイデアを出せないかと……。

シバタ指導主事　それは、私も同じです。私だって、なにも制度でがんじがらめにしたいわけじゃないですよ。保護者の方や、学校、専門家の方々のご意見も伺いながら、みんなで考えていくことがまずは基本ですから……。

ヒロシ先生　　そこです。そのためにも本人、保護者そして学校は話し合わなければならないんです。その上で、おっしゃるプロセスを丁寧に踏みたいのです。今は学校での5年分の学びの蓄積というデータも手にしています。だからこそ、私たちはもっと色々な可能性について考えていけるはずです。ムラカミさんのペースに合わせながら、話し合っていきたいのです。

シバタ指導主事　教育支援委員会の中でも、そうした話し合いができます。委員会は来年度に入ってからになるかと思います。なので、まだ時間はあります。保護者の方と学校の間でじっくり話し合えるのではないでしょうか。

私たちの目指すもの

これからの教育……

　この日の面談の後、シバタ指導主事がいる前で、ヒロシ先生と私は校長にコッテリ絞られた。私たちが暴走を始めたからだ。面談の顛末を考えれば、指導されても仕方ない。もっともヒロシ先生も私も、無知ゆえにこんな大それたことをしでかしたわけではなく……。ある意味、確信犯だから厄介なのだろう。

　でも、いくつかのことが、この面談でわかった。ムラカミさんのねがいは、かなりの部分、この国が目指しているこれからの教育に合致しているという点だ。「個別最適な学び」「協働的な学び」そして「インクルーシブ教育」。この実施を求めている。この点については、シバタ指導主事もまったく否定しなかった。むしろ、そういう方向で進めていることは間違いないという話だった。

　ここで、私たちの疑問は頂点に達していた。

　ムラカミさんが心配していたことは、特別支援学級や特別支援学校で分けられてしまうことで、共に生きていく機会を失ってしまうのではないかということだ。一度分けられてしまうことで、地域、社会に参画していく機会は将来本当にやってくるのかという不安だ。

　一方、シバタ指導主事は、児童生徒の「学びの保障」をするためにも、個々の実態に応じた教育課程が編成される必要がある。だからこそ、連続性のある多様な学びの場として、特別支援学級や特別支援学校が必要なのだという。

　どちらもその通りだと思う。でもヒロシ先生と私は、このどちらの課題も解決できる方法を見つけ出そうという考え方で一致している。

　通常学級での生活をベースに、かつ学力の保障ができる方法。もちろん、情報端末機器で使える教材の充実、個々の学びの履歴の管理、そしてさらなる少人数学級の実現などなど……。結局、どれも今すぐには無理なのだが……。

ヒロシ先生　　　理想を言えば、通常学級に在籍しながら通級指導を受けることができればいいのですが。通級指導の対象となっているのは「言語障害者」「自閉症者」「情緒障害者」「弱視者」「難聴者」「学習障害者」「注意欠陥多動性障害者」、そして「その他障害のある者」でしたよね……。

シバタ指導主事　　　知的障害をおもちのお子さんですと、学習面や生活上生じる困難の改善・克服に必要な指導を行うことになります。実際的、具体的な内容を、継続して指導していきます。そうなると、一定の時間のみを取り出して行う通級指導はなじまない。そう考えられています。そこで知的障害をおもちのお子さんは、現在のところ、通級による指導の対象にはなってはいません。

ムラカミさん　　　そこが私には納得できません。それですと、知的障害があることを理由に、通級による指導は受けられないという説明になりませんか。それは差別ではないですか？　一度、夫が、学校に怒鳴り込んだことがあります。学校は、二言目には「子どもの実態を把握した上で、必要な教育上の手立てを考えたい」と言っていました。でも結局、見ているのは子どもではなく、障害の烙印の方なのではないですか？

シバタ指導主事　　　そんなつもりはありません。ですが、現在のところはどうにも……文部科学省も一部、実践研究などを行いながら検討しています。ただ今すぐ、これが変えられるかというと、そこはなんとも……。

ヒロシ先生　　　そうなると特別支援学級に在籍して、「交流及び共同学習」の時間を十分に確保していくということでどうでしょう。このまま一斉授業の中だけでは、どうしても「学びの保障」が難しくなります。そこを特別支援学級で保障し、その上で通常学級での授業時数も多く設定していく……。

シバタ指導主事　　　これも、大変申し上げにくいのですが、週の総授業時数の半分以上を目安に、特別支援学級で授業を行うように文部科学省から通知が出ていまして……。

立ちはだかるもの……

　私、息子に聞いてみました。「今の教室のままがいい?」って。「今のクラスは、ブラボー」なのだそうです。彼のねがいは、今の友達と一緒にいることです。でも、それを言うと「制度だ」「決まりだ」という壁が湧いて出てくる。

　こうした制度や決まり事を作っている人たちって、どこの誰なのでしょう。その中に、息子と同じ知的障害のある方は、入っていますか。そこがいつも引っかかってしまうのです。彼らのねがいは、ちゃんと反映されていますか?

　先生方は、みんな真剣に子どもたちに向き合ってくれています。もちろん、中にはハズレの先生もいますよ。でも、ほとんどの先生がいい人なんだと思います。私は先生方、個人に対して怒りをぶつけているわけではありません。教育委員会の方も、いつも丁寧にお話してくれます。この人たちもきっといい人たちです。色々な福祉サービスを受ける時も、たくさんの相談員の方が関わってくれます。制度として使えるものを色々とアドバイスしてくれます。助かっています。みんな、いい人たちばかりですから……。

　でも、それによって息子の障害がなくなったことにはならない。どこかに壁ができます。それが消えることはない。その度に、この壁はなんだろう。これを崩さないと何も変わらない。だから私は、戦わなくてはならなくなります。

　初めから先生たちと戦う気など、まったくないのです。にも関わらず、その壁の存在を突きつけてくるのが、先生たちなのです。なぜですか?

　国の偉い人たちが、目の前に立ちはだかっているわけではない。そこに立っているのは、毎日、子どもたちのために汗水垂らして頑張ってくれている先生たちです。こんなにもやりきれないことってないですよ。感謝と憎しみが入り混じった、もうどうにもならない怪物に心が乗っ取られてしまうのですから。

　保護者の中にはプライベートで気に食わないことがあって、それを八つ当たりするように学校にもち込む人たちがいると聞きます。モンスターペアレントでしょうか。私も、もしかしたらそういう人たちと同じなのかもしれません。やりきれない想いを先生たちにぶつけています。そこは、同じことをしているのだと思います。今も同じことをしています。自分でもわかっています……。

　先生、この壁を一緒に取り除いてくれるのは、一体、誰なんですか?

サチ先生　　……私には、その壁、大きすぎます。あまりに重すぎます。

ムラカミさん　　なら、結局は何も変わらないじゃないですか……。

ヒロシ先生　　……変えていきたいんですよ。でも、私たち教師は今、もういっぱいいっぱいなんです。やってもやっても、次から次へと仕事が降りてくる。ゆっくり子どもたちに関わることもできない。こんなおかしなことはない。壁ばかりどんどん厚くなっていく。ムラカミさんと同じように、私たちも抗ってきました。学級通信を発行していたことも、私にとっては強がりです。でも、こうして強がっていることで、何か変えられることもあると信じています。

ムラカミさん　　……わかりました……。私たちの周りにある壁は、きっと同じです。先生の前にある壁と、私が見ている壁はきっと同じです。同じ側にしっかり立って、一緒になって壁、壊していかないと、先生たちも、子どもたちも、私たち親も、みんなダメになってしまいます……。

ヒロシ先生　　向き合っていては、何も変わらない……。並んでいないと、同じ方向は見えない。今の「ことば」で、僕は救われました……。

ムラカミさん　　……ありがとうございます。初めてです。こういう話ができたのは。この先、この壁どうしたらよいでしょう。同じものが見えているとすると、向かう先は……こちらになるのでしょうか？

シバタ指導主事　　えっ、いや、ちょっと、そういうのは勘弁してくださいよ。

ムラカミさん　　それで、息子のことですが……6年生になっても、このまま、みんなと一緒に学ばせたいと思います。いいでしょうか？

ヒロシ先生　　わかりました。ただし「5年生のプライド」は、「6年生のプライド」として続けさせてもらいますね。それが私からのお願いです。

エピローグ

私たちの結論

「春らしい陽気」には、まだ少し早い気もするが、穏やかな日々だ。年度末の慌しさも、これから向かう季節の温もりが程よく緩衝材になっている。

私の教師生活も、そろそろ1年が経とうとしている。これといって何か成長できたかといえば、それなりに業務がこなせるようになったことくらいだろうか。とても、慣れたとはいえない。でも、1年前に感じていた不安はない。

クラスの子どもたちも、本当に優しい。これが私の教室だ。ヒロシ先生の教室にだって負けないくらい、みんなキラキラしている。あの子もこの子も、色々な個性がある。みんなで笑い合い、支え合う。時に喧嘩やトラブルが起こっても、みんなで考えていけばいい。元々答えなんて1つじゃないんだから。

それと最近、私はナガオカ先生と月に1回開催されている研究会に通い出した。この研究会はアソカワ教授が、「暇潰しに」と始めたものらしい。初めて研究会に参加した日のことだ。アソカワ教授は、開口一番「あなた、まだ付きまとう気ですか」と言ってきた。そして、さっさと私の前を通り過ぎていった。多分、この人は根が素直ではないのだ。相変わらずの皮肉も健在だ……。

それに、もう1つ。ヒロシ先生が退職する。急な話だったけれど、本人は随分前から計画していたのだそうだ。奥さんと一緒に、不登校の子どもたちが安心して通えるフリースクールを立ちあげる。ヒロシ先生が本当にやりたいことは、今の学校にはない。それがわかるから、私は心の底から応援したい。

最後に、私のことも1つ報告しておこう。さっき、校長室に呼び出された。来年度の私の仕事が、1つ増えることになった。年度が変わったらムラカミさんと、またゆっくり話そう……時間は十分にある。

来年度、私は6年生の担任になる。

おわりに

　サチ先生は、その後、どうなったのだろう。

　この話を書いたのは私だ。この先の話も、いいように書き足せばよい。ハッピー
な教員生活が続くのか、それとも辞めてしまうのか。ちなみに読後の皆さんはど
ちらをお望みだろう。

　「いや、そこはハッピーでいてくれよ」。もし、そう願ってくれているならば、
多分、サチ先生は大丈夫だ。私が続きを書くまでもない。

　サチ先生のモデルは多く存在している（１人ではない）。そして彼らは、今な
お現場にいる。もう辞めたい。辞めてしまおう。そんなことを考えているような、
いないような……風の便りが届くこともある。それでも、なんだかんだと続いて
いる。ハッピーを支えてくれている人たちがいるのだろう。

　ではムラカミさんとの関係は、どうなっていくのだろう。そこも気になる。作
者としては、いい関係を築いていると願いたい。そういうことにしておきたい。「サ
チ先生ならば、きっとなんとかするよ」、そんな希望を読者の皆さんに漠然とで
も抱いてもらえているならば、この本は幸せだ。

　いや、もしかしたらムラカミさんとはこの後、徹底的にやりあっているかも
しれない。でも大丈夫。どこかでヒロシ先生、ナガオカ先生が、きっと力を貸し
てくれているはずだから……。

　物語というものは得てしてそういう風にできていく。この本はフィクション。
大抵のことはうまくまとまることになっている。それはこの先も変わらない。

　そろそろ皆さんの現実に目を移すとしよう。この本に登場していたような人
物が、そこには登場しているだろうか……？

　えっ、いない?!　ならば皆さんが出演するしかない。それで物語も変わるだ
ろう。現実を変えていくということは、結局そういうことなのだ。

　最後に、アソカワ教授。彼のモデルは、私ではない。そのことを付け加えて
おこう。私は、彼ほど回りくどい人間ではないと思うのだ。

2023 年 4 月 5 日

有川　宏幸

引用・参考文献

Amadae, S. (2015) Prisoners of Reason: Game Theory and Neoliberal Political Economy. New York: Cambridge University Press.

有川宏幸 (2002)「療育システムにおける保護者支援に関する研究—療育施設への通園決定までを通して—」. 障害児教育臨床研究, 第9巻, p25-p31.

有川宏幸 (2002)「自閉症児・者をもつ家族の地域支援のあり方」. 特殊教育学研究, 第40巻, 第4号, p429-p434.

有川宏幸 (2004)「肢体不自由児通園施設に通う保護者のストレスマネージメント講習の試み—施設内で開催される保護者教室の一講座における実践として—」. 障害児教育臨床研究, 第11巻, p8-p15.

有川宏幸 (2005)「障害児療育関連機関における有機的連携システムの構築 (2) —就学に向けた福祉・教育の連携構築に関する検討—」. 日本特殊教育学会第43回大会 (於:金沢大学) 発表論文集, p741.

有川宏幸 (2006)「障害児療育関連機関における有機的連携システムの構築—連携マニュアルの作成と情報共有化システムの構築に向けた課題—」. 障害児教育臨床研究, 第13巻, p4-p10.

有川宏幸・立田幸代子 (2006)「障害児療育関連機関における有機的連携システムの構築 (3) —就学に向けた福祉・教育の連携構築に関する検討—」. 日本特殊教育学会第44回大会 (於:群馬大学) 発表論文集, p177.

有川宏幸・立田幸代子 (2007)「障害児療育関連機関における有機的連携システムの構築 (6) —教師による就学前の支援情報の活用にみる関連機関・保護者との連携について—」. 日本特殊教育学会第45回大会 (於:神戸) 発表論文集, p830.

有川宏幸・石坂苗奈 (2010)「選択性緘黙 (Selective Mutism) 児童への遠隔介入に関する研究 (1) ビデオレターによる発話条件の査定とビデオチャットの導入可能性の検討」. 日本特殊教育学会第48回大会 (於:長崎大学) 発表論文集, p749.

Bazerman, M. & Neale, M. (1992) Negotiating Rationally. The Free Press. 奥村哲史訳 (1997)『マネージャーのための交渉の認知心理学—戦略的思考の処方箋—』. 白桃書房.

中央教育審議会 (2015)「チームとしての学校の在り方と今後の改善方策について (答申) (中教審第185号)」.

中央教育審議会 (2019)「新しい時代の教育に向けた持続可能な学校指導・運営体制の構築のための学校における働き方改革に関する総合的な方策について (答申) (第213号)」.

中央教育審議会 (2021)「「令和の日本型学校教育」の構築を目指して—全ての子供たちの可能性を引き出す、個別最適な学びと、協働的な学びの実現— (答申) (中教審第228号)」.

Drotar, D., Baskiewicz, A., Irvin, N., Kennell, J., & Klaus, M. (1975) The adaptation of parents to the birth of an' infant with a con-genital malformation: A hypothetical model. Pediatrics, 56(5), p710-p717.

Engeström, Y. (2008) From teams to knots: Activity-theoretical studies of collaboration and learning at work. Cambridge University Press. 山住勝広・山住勝利・蓮見二郎訳 (2013)『ノットワークする活動理論—チームから結び目へ—』. 新曜社.

Festinger, L., Riecken, H., & Schachter, S. (1956) When prophecy fails: an account of a modern group that predicted the destruction of the world. University of Minnesota press. 水野博介訳 (1995)『予言がはずれるとき—この世の破滅を予知した現代のある集団を解明する—』. 勁草書房.

Fisher, R. & Ury, W. (1981) Getting to Yes: Negotiating Agreement Without Giving In (1st ed.). Boston: Houghton Mifflin. 岩瀬大輔訳 (2011)『ハーバード流交渉術:必ず「望む結果」を引き出せる!』. 三笠書房.

藤原理佐 (2002)「障害児の母親役割に関する再考の視点」. 社会福祉学, 第43巻, 第1号, p146-p154.

深沢和彦・河村茂雄 (2021)「インクルーシブな学級を構築する担任教師の指導行動の抽出」. 教育カウンセリング研究, 第11巻, p1-p12.

藤井聡・武村和久（2001）「リスク態度と注意」.行動計量学,第28巻,第1号,p9-p17.

Hardin, G. (1968) The Tragedy of the Commons. Science, 162, p1243-p1248.

HOT & ほっと・田中智子編（2004）『聞いちゃって―障害児子育てホンネ・家族の思い―』.クリエイツかもがわ.

石坂苗奈・有川宏幸（2012）「選択性緘黙児に対する指導プロトコルの有効性の検討―ビデオレター及びビデオチャットを媒介にした遠隔介入法について―」.日本特殊教育学会第50回大会（於：筑波大学）発表論文集.USB.

石坂苗奈・有川宏幸（2010）「選択性緘黙（Selective Mutism）児童への遠隔介入に関する研究（2）ビデオチャットによるフェーディング法の有効性の検討」.日本特殊教育学会第48回大会（於：長崎大学）発表論文集,p750.

稲葉陽二（2007）『ソーシャル・キャピタル―「信頼の絆」で解く現代経済・社会の諸課題―』.生産性出版.

Kearney. C. (2010) Helping Children with Selective Mutism and Their Parents: A Guide for School-Based Professionals. Oxford University Press.

草海由香里（2014）「公立小・中学校教師の休職・退職意識に影響を及ぼす諸要因の検討」.パーソナリティ研究,第23巻,第2号,p67–p79.

Lin, N (2001) Social capital: A theory of social structure and action. Cambridge university press. 筒井淳也・石田光規・櫻井政成・三輪哲・土岐智賀子訳（2008）『ソーシャルキャピタル―社会構造と行為の理論―』.ミネルヴァ書房.

文部科学省（2005）「教育職員免許法及び教育公務員特例法の一部を改正する法律について（通知）（19文科初第541号）」.

文部科学省（2012）「通常の学級に在籍する発達障害の可能性のある特別な教育的支援を必要とする児童生徒に関する調査結果について」.

文部科学省（2013）「学校教育法施行令の一部改正について（通知）（25文科初第655号）」.

文部科学省（2013）「障害のある児童生徒等に対する早期からの一貫した支援について（通知）（25文科初第756号）」.

文部科学省（2015）「学校現場における業務改善のためのガイドライン―子供と向き合う時間の確保を目指して―」.

文部科学省（2017）「いじめの防止等のための基本的な方針（文部科学大臣決定最終改訂）」.

文部科学省（2017）「特別支援学校　幼稚部教育要領　小学部・中学部学習指導要領」.

文部科学省（2018）「障害に応じた通級による指導の手引―解説とQ&A―（改訂第3版）」.海文堂出版.

文部科学省（2018）「特別支援学校教育要領・学習指導要領解説　自立活動編（幼稚部・小学部・中学部）」.

文部科学省（2018）「特別支援学校教育要領・学習指導要領解説　総則編（幼稚部・小学部・中学部）」.

文部科学省（2021）「障害のある子供の教育支援の手引―子供たち一人一人の教育的ニーズを踏まえた学びの充実に向けて―」.

文部科学省（2021）「令和元年度公立学校教職員の人事行政状況調査結果等に係る留意事項について（通知）（3文科初第45号）」.

文部科学省（2021）「令和3年度教育委員会における学校の働き方改革のための取組状況調査結果」.

文部科学省（2021）「令和2年度公立学校教職員の人事行政状況調査結果（概要）」.

文部科学省（2022）「特別支援教育を担う教師の養成の在り方等に関する検討会議 報告」.

文部科学省（2022）「特別支援学級及び通級による指導の適切な運用について（通知）（4文科初第375号）」.

文部科学省（2022）「通常の学級に在籍する特別な教育的支援を必要とする児童生徒に関する調査結果について」.

夏堀摂（2003）「障害児の「親の障害受容」研究の批判的検討」.社会福祉学,第44巻,第1号,p23-p33.

仁平典宏（2011）『『ボランティア』の誕生と終焉―「贈与のパラドックス」の知識社会学―』.名古屋大学出版会.

村山はるみ・有川宏幸（2022）「特別な教育的支援を必要とする児童が在籍する小学校通常学級担任の意識の変化について―2011 年との比較を通して―」．新潟大学教育学部研究紀要，第 15 巻，第 1 号，p13-p21.

中根成寿（2006）『知的障害者家族の臨床社会学―社会と家族でケアを分有するために―』．明石書店．

中田洋二郎(1995)親の障害の認識と受容に関する考察―受容の段階説と慢性的悲哀―.早稲田心理学年報，第 27 巻，p83-p92.

大日向真史（2016）「学校に対する保護者の意識と関与」．三重大学教育学部研究紀要，第 67 巻，教育科学，p205-p214.

大竹文雄・平井啓編著（2018）『医療現場の行動経済学―すれ違う医者と患者―』．東洋経済新報社．

Olshansky, S.（1962）. Chronic sorrow: A response to having a mentally defective child. Social Casework, 43, p190–p193.

Putnam, D.（2000）Bowling alone: The collapse and revival of American community. 柴内康文訳（2006）『孤独なボウリング―米国コミュニティの崩壊と再生―』．柏書房．

Poundstone, W.（1992）Prisoner's Dilemma. New York, NY: Doubleday. 松浦俊輔・西脇和子・大道寺彩子・中西須美・岡崎晴美・前川佳代子・津坂明恵訳（1995）『囚人のジレンマ：フォン・ノイマンとゲームの理論』．青土社．

Robbins, S.（2005）Essentials of organizational, behavior, 8th edition. Pearson education. 高木晴夫(2009)『新版 組織行動のマネジメント―入門から実践へ―』．ダイヤモンド社．

Rokeach, M.（1973）The nature of human values. Free Press.

Sandel, J. M.（2009）Justice: What's the right thing to do? Farrar, Straus and Giroux. 鬼澤忍訳（2011）『これからの「正義」の話をしよう―いまを生き延びるための哲学―』．早川書房．

Sandel, J. M.（2010）Justice with Michael Sandel and special lecture in Tokyo university. NHK「ハーバード白熱教室」制作チーム・小林正弥・杉田晶子訳（2012）『ハーバード白熱教室講義録＋東大特別授業（上）（下）』．早川書房．

Sheridan, S. & Kratochwill, T.（2007）Conjoint Behavioral Consultation: Promoting Family-School Connections and Interventions, second edition. Springer.

清水貞夫（2012）『インクルーシブ教育への提言―特別支援教育の革新―』．クリエイツかもがわ．

Susskind, R.（2014）Good for You, Great for Me: Finding the Trading Zone and Winning at Win-Win Negotiation. Public Affairs. 有賀裕子訳（2015）『ハーバード×MIT 流 世界最強の交渉術―信頼関係を壊さずに最大の成果を得る 6 原則―』．ダイヤモンド社．

Stone, D., Patton, B. & Hee, S.（1999）Difficult conversations: How to Discuss What Matters Most. Viking Penguin. 松本剛史訳（1999）『言いにくいことをうまく伝える会話術』．草思社．

杉本希映・遠藤寛子・飯田順子・青山郁子・中井大介（2019）保護者による教師の信頼性認知尺度の開発とその関連要因の検討．教育心理学研究，第 67 巻，第 3 号，p149-p161.

武井哲郎（2020）「障害の有無による分離に抗する教育委員会の役割―インクルーシブ教育をめぐる二つの "正義" のはざまで―」．日本教育行政学会年報，第 46 巻，p55-p71.

立田幸代子・有川宏幸（2006）「障害児療育関連機関における有機的連携システムの構築（4）―特別支援教育の対象児の就学前から就学後の連携システムの検討―」．日本特殊教育学会第 44 回大会（於：群馬大学）発表論文集，p178.

立田幸代子・森光彩・有川宏幸（2008）「障害児療育関連機関における有機的連携システムの構築（7）―引継書を利用した保護者に対するアンケート調査―」．日本特殊教育学会第 46 回大会（於：宇都宮大学）発表論文集，p681.

立田幸代子・森光彩・有川宏幸（2010）「障害児療育関連機関における有機的連携システムの構築（9）―就学時の移行支援に関する保護者の意識調査―」．日本特殊教育学会第 48 回大会（於：長崎大学）発表論文集，p601.

東京都教育相談センター (2022)「学校問題解決のための手引―保護者との対話を生かすために―(改訂)」.

Tversky, A. & Kahneman, D. (1981) The Framing of Decisions and the Psychology of Choice. Science, 211, p453-p458.

綿野恵太 (2019)『「差別はいけない」とみんな言うけれど。』.平凡社.

山田浩之 (2013)「「教員の資質低下」という幻想」.教育学研究,第 80 巻,第 4 号,p53-p64.

山岸寿男 (1998)『信頼の構造―心と社会の進化ゲーム―』.東京大学出版.

要田洋行 (1999)『障害者差別の社会学』.岩波書店.

著者紹介

有川　宏幸 <small>(ありかわ　ひろゆき)</small>

新潟大学教育学部教授

1969 年、千葉県生まれ。筑波大学大学院教育研究科障害児教育専攻修了。1995 年、岸和田市児童福祉課で発達相談員として勤務。2004 年より岸和田市立保健センターを経て、2006 年 10 月から新潟大学教育学部助教授、2007 年 4 月同准教授。2016 年 4 月より現職。公認心理師、臨床発達心理士。

特別支援学校教員養成の傍ら、共生社会の実現に向けた社会活動にも積極的に取り組んでいる。近年はYouTube チャンネル「ありちゃんねる」を通じて、これらの活動の様子を精力的に発信している。

【著書】

『発達が気になる乳・幼児のこころ育て、ことば育て』（ジアース教育新社）、『エビデンスのある「ほめる」「しかる」を手に入れたいから…　教室の中の応用行動分析学』『あなたの隣で困ってはいないか？　教室の中の自閉スペクトラム』（いずれも明治図書）

イラスト：ひとだまこ
レイアウト：石田美聡（丸井工文社）
装丁：有泉武己

教師のための
保護者と創る学校「交渉術」読本
インクルーシブな私の教室づくり　©2023

2023年 6 月30日　初版第 1 刷発行

著　　者　有川　宏幸
発 行 者　杉本　哲也
発 行 所　株式会社学苑社
東京都千代田区富士見 2 - 10 - 2
電話　03（3263）3817
Fax　03（3263）2410
振替　00100 - 7 - 177379
印刷・製本　株式会社丸井工文社

検印省略

乱丁落丁はお取り替えいたします。
定価はカバーに表示してあります。

ISBN978-4-7614-0846-6　C3037